KB112991

청소년을 위한 철학 논술

배경 지식을 활용하여 통합적으로 접근한

청소년을 위한 철학 논술

| 이종란 (철학박사 · 서울등현초등학교 교사) 지음 |

철학과현실사

머리말

　요즘 논술 바람이 거셉니다. 어린 초등학생들조차도 그 바람을 피해가기 어렵게 되었습니다. 여기저기서 우후죽순처럼 논술 관련 학원이나 교재가 쏟아져나옵니다. 오죽했으면 교육청이나 교육 기관들조차도 논술 교육을 책임지겠다고 장담합니다. 학부모들의 사교육비를 줄여주겠다는 배려로 보입니다.

　그러나 흔히 볼 수 있듯이, 글쓰는 방법을 배운다고 논술이 잘 되는 것도 아니며, 논술 교재 몇 권 공부했다고 금방 실력이 늘어나는 것은 더욱 아닙니다. 논술을 가르치는 사람들이나 배우려는 학생들도 우선은 논술의 기본 전제를 알아야 합니다.

　논술의 질은 사고력과 직결되므로 그것을 어떻게 사용하느냐에 따라 결정된다고 할 수 있습니다. 사고력이란 생각하는 능력이므로, 거기에는 다양한 기능이 포함되어 있습니다. 이른바 관찰·연상·추리·분석·종합·평가 등이 그것인데, 이러한 기능은 그냥 싹트는 것이 아닙니다. 사고의 대상이 되는 각종 자료가 제공되어야 합니다. 그것을 다른 말로 경험이라고 불러도 좋고 배경 지식이라고 해도 좋습니다.

따라서 정규 학교 교육이나 평상시의 활동이 소중한 이유가 바로 여기에 있습니다. 사고력은 결코 짧은 기간 동안에 학습되는 것이 아니기 때문입니다.

어쨌든 훌륭한 논술은 무엇보다 뛰어난 사고 능력을 전제로 하며, 그것은 장시간의 학습과 경험에 달려 있으므로, 평상시에 독서하고 토론하며 사색하는 태도와 습관에 성패가 달려 있다고 하겠습니다. 여기에 적절한 안내가 주어지면 금상첨화가 될 것입니다.

이 책은 바로 논술의 기초가 되는 사고력 향상을 염두에 두고 배경 지식을 활용하는 것에서 출발합니다. 일상 생활에서 만나는 주제를 철학적으로 알기 쉽게 다루는 가운데 다양한 사고로 유도합니다. 즉, 학생들이 학교에서 배운 지식을 통합적으로 다루어 문제를 해결하는 데 동원시키며, 거기서 논리와 쟁점을 발견하도록 조언하고, 학생 스스로 문제를 발견하고 상상력을 통하여 그것을 해결하거나 대안을 찾도록 접근할 것입니다.

이 책은 인터넷 종합 신문 『아시아투데이(www.asiatoday.co.kr)』에 필자가 한 해 동안 연재한 것을 수정·보완한 것입니다. 그 내용은 자연과 우주, 인간과 윤리, 앎과 진리, 인간과 사회 등에 관한 내용을 총망라하여 취급한 것입니다. 학생들의 수준과 생활에 맞게 내용을 좀 쉽게 구성하도록 노력하였습니다만, 철학적인 부분을 이해하려면 많은 생각이 필요할 것입니다.

　그리고 이 책이 학교 공부에 도움이 되도록 배려하였으나 학생들에게 새로운 짐이 되지 않았으면 좋겠습니다. 다만 스스로 생각하고 공부할 줄 아는 학생들에게는 결코 작은 도움에 그치지 않을 것이라 자부합니다.

2007년 3월

이 종 란

차 례

차 례

차 례

차 례

차 례

차 례

제1장
이 세상은 창조된 것인가?

A : 나는 내 마음대로 행동할 수 없다. 이 세상을 만든 조물주의 뜻에 따라 행동해야 한다. 그래야 내가 행복해질 수 있다.

B : 나는 내 마음대로 행동할 수 있지만, 그보다도 이 세상이 만들어진 원리에 따라 행동해야 한다. 그래야만 내가 하는 일이 잘 된다.

C : 나는 내 마음대로 행동할 수 있다. 이 세상은 그 누가 만든 것도, 어떤 원리에 의하여 만들어진 것도 아니다. 다만 이 세상의 법칙을 발견하여 내 생활에 이용하면 큰 도움이 된다.

ⓠ 사람들은 이 세상이 만들어진 방식을 이해하는 정도에 따라 자신들의 태도나 가치관에 차이를 보입니다. 신이 창조했다는 것과 어떤 최고의 원리에 의하여 생겼다는 것과 아무런 목적 없이 물질에 의하여 저절로 만들어졌다는 세 가지 견해로 요약할 수 있습니다. 여러분은 어떤 입장에 찬성하는지 그것을 과학적 또는 논리적 방법으로 입증해보세요.

▼ 키워드 해설

■ 빅뱅(the big bang theory)

영어 '우주대폭발설'의 준말. 우주 생성 초기인 백수십억여 년 전에 일어났다는 대폭발설로 1948년에 제창되었다. 1929년 미국의 H. 허블은 외부 은하들이 우리 은하계로부터 빠른 속도로 후퇴하고, 후퇴 속도는 외부 은하까지의 거리에 비례한다는 사실을 밝혀내었다. 그리고 거리가 100만 pc(파섹)씩 증가할 때마다 은하의 후퇴 속도가 50~100km/s씩 증가하는 것을 알아냈다. 이는 우주가 팽창하고 있음을 의미하며, 거꾸로 계산하면 약 200억 년 전에는 우주가 하나의 점과 같은 상태였다. 이 점에서 일어난 대폭발로부터 현재의 우주가 만들어진 것으로 볼 수 있다.

■ 생성(生成 : becoming)

조물주가 이 세상을 창조했다는 것에 상대되는 개념으로서, 사물이 생겨나거나 한 상태에서 다른 상태로 바뀌는 것을 말한다.

■ 신화(神話 : myth)

한자말 그대로는 신비한 이야기 또는 신의 이야기이고, 영어의 그것은 '이야기'나 '전설'을 뜻하는 그리스어다. 민속학이나 종교학에서는 역사 이전에 벌어진 신들이나 영웅들의 기이한 이야기로 보며, 철학적으로는 추상적 관념을 표현하는 교훈적인 이야기로 본다. 신화에서는 대부분 이 세상을 창조한 조물주가 있다고 한다.

■ 지구의 역사

지금까지 전 세계에서 가장 오래된 암석의 연령은 그린란드에서 채취한 화강편마암에서 밝혀진 약 38억 년이다. 그러나 방연석,

운석, 월석 등을 이용한 여러 가지 연구를 종합한 결과 현재까지 알려진 지구의 연령은 이보다 더 오래된, 약 46억 년으로 추정되고 있다. 지구 탄생 이후 지구의 역사를 지질 시대로 구분하는데, 그 지질 시대에는 시생대, 원생대, 고생대, 중생대, 신생대로 구분한다.

■ 원리(原理 : principle)

철학적으로 존재의 질서 또는 존재의 첫 번째 원인을 뜻한다. 곧 이 세상이 생기기 전에 이 세상으로 하여금 생겨나게 만드는 원인 또는 사물이 이 세상에 있게 하는 질서를 말한다.

■ 진화(進化 : evolution)

종(種)을 낳고 변형시키는 일련의 과정. 진화가 생명체를 지배하는 일반적인 법칙이라고 주장한 사람은 스펜서였으며, 모든 종은 형질 변환에 의해 다른 종을 낳는다는 이론은 라마르크와 다윈이 제창하였다. 오늘날은 생물만이 아니라 역사나 문명에서 진보의 개념으로 쓰이기도 한다.

⊞ 관련된 학과 또는 주제

☞ 자연사, 과학(지구·생물), 창조 신화, 천문학, 철학적 세계관.

1. 이 세상은 처음에 어떻게 만들어졌나?

　신화나 전설을 보면 이 세상을 누군가 만들었다는 이야기가 나옵니다. 일부 종교에서도 신이 이 세상을 창조했다고 말합니다. 신이 해와 달과 별과 함께 우리가 살고 있는 이 땅을 만들고, 또 바다와 호수와 산과 나무와 들을 만들었다고 하지요.

　그러나 또 다른 사람들은 그렇게 생각하지 않습니다. 우리가 살고 있는 지구와 별은 동시에 생긴 것도 아니고, 누군가에 의해서 만들어진 것도 아니라고 주장합니다.

　자, 문제가 되는 두 쟁점은 무엇입니까? 이 세상을 누가 만들었든지 아니면 저절로 그렇게 된 것인지 하는 문제이지요. 여러분은 어느 쪽이 타당하다고 생각합니까?

가 : 이 세상은 누군가에 의해 만들어졌다.
나 : 이 세상은 스스로 생긴 것이다.

우선 이 문제를 해결하기 위해서는 연관된 지식을 알아야 합니다. 여러분들은 학생이니 학교에서 배우는 내용을, 그리고 여러분의 수준에서 읽은 책이나 듣거나 본 내용에서 해당되는 지식을 찾아야 할 것입니다.

【예시. 관련 지식 정리】

초등학교에서 배우는 관련 지식	독서를 통해 더 알아야 할 지식
▶지층과 화석(4학년 과학)	▶태양계의 생성
▶화산과 지진, 암석(6학년 과학)	▶별의 탄생과 소멸
▶공룡(6학년 국어)	▶생물의 진화
▶태양의 가족(5학년 과학)	▶지각의 변동과 지구 내부의 운동

위의 자료를 가지고 어떤 한 입장에 서서 근거를 제시해보기 바랍니다. 만약 여러분이, 이 세상은 누군가에 의하여 창조되지 않았고 저절로 만들어진 것이라는 쪽을 지지한다면, 그 근거는 무엇인가요?

우선 생각을 정리해봅시다.

만약 이 세상이 누군가에 의하여 만들어졌다면, 만든 때가 있겠지요. 대개 신화에서는 이 땅이 처음 만들어진 때에 신이 모든 사물을 만듭니다. 그러니까 만물이 동시에 만들어졌다고 해도 좋을 것입니다.

그것이 사실이라면 지금 우리가 보는 만물이 처음 만든 그대로여야 합니다. 산과 바다와 강과 돌과 흙이 서로 바뀔 수 없습니다. 만약 나중에 산이 바다가 되고 흙이 돌이나 바위로 변한다면, 그건 새롭게 만들어지는 것이지 이미 만든 것이 아닙니다.

신이 세상을 만들었다고 하는 것은 세상 만물이 변하지 않게 고정적으로 보는 관점입니다. 가령 자동차를 만들어놓으면 그 모양이나 기능이 절대로 변하지 않는 것과 같습니다. 물론 녹이 슬거나 먼지가 쌓이기는 하겠지만, 본질적으로 자동차의 구조나 기능이 바뀌지 않는다는 뜻입니다.

반면에 저절로 만들어졌다고 하는 쪽은 세상 만물이 쉬지 않고 변하고 있다는 관점을 갖습니다. 마치 바위가 깎여 자갈이나 모래나 흙이 되고, 그것이 쌓이면 다시 바위가 되는 것처럼 만물이 변합니다. 비록 그 변화의 속도가 너무 느려 눈에 보이지 않더라도 말입니다.

따라서 지층에 지금 살지 않았던 생물의 화석이 발견되거나 지금 살던 생물이 아주 오래된 화석에는 등장하지 않는다는 사실, 지금도 별이 없어지고 새로운 별이 탄생한다는 사실, 아주 높은 산꼭대기 지층에서 조개껍데기 화석이 발견된다는 사실, 지구는 항상 움직이고 변하고 있다는 사실, 태양과 태양계 밖의 다른 별들은 동시에 생기지 않았다는 사실 등은 무엇을 증명하고 있습니까? 이런 사실들이 지구가 어느 한순간에 창조되지 않았다는 근거가 되겠지요.

만약 여러분이 누군가 이 세상을 만들었다는 쪽을 지지한다면 어떤 근거를 찾아야 할까요? 한 발 후퇴해서, 신이 처음에 이 세상을 만들었지만, 만든 다음부터는 세상이 스스로 변화도록 내버려두었다고 주장한다면, 무엇을 근거로 삼아야 할까요? 또 그것을 반박하려면 어떤 지식을 알아야 할까요?

이렇듯 여러분이 자신들의 주장에 대한 타당한 근거를 대려면 알고 있는 지식을 총동원해야 하고, 그러기 위해서는 폭넓은 읽기 경험을 통해 배경 지식을 쌓고, 나아가 학교 수업에 충실히 참여하는 것이 매우 중요합니다. 그럼 여러분이 어떤 입장을 지지하는지 한 편의 주장하는 글을 써보세요.

2. 창조와 생성의 개념

앞선 글의 두 가지 쟁점에서 세상이 창조되었든 아니면 저절로 생겼든 간에, 논술에서 중요한 것은 결론에 이르게 되는 생각의 다양성과 논지의 방향입니다. 따라서 풍부한 생각이 들어 있고 창의력이 넘치면서 논리적으로 흠이 없어야 훌륭한 논술이 됩니다.

그러기 위해서는 먼저 문제를 정확하게 알아야 합니다. 우선 '이 세상은 누군가에 의하여 만들어졌다'고 주장할 때는 그 입장을 분명히 제시해야 합니다.

가령 누군가 '이 세상'을 단숨에 만들었는지, 아니면 시간적인 간격을 두고 만들었는지 살펴야 합니다. 마치 자동차를 만들 듯 한 번 만든 다음에 손을 놓았는지, 아니면 한 번 만든 뒤에 좀 있다가 다시 만들었는지 알아야 합니다.

그뿐이 아닙니다. '이 세상'을 있는 그대로 불변하게 만들었는지, 아니면 창조한 후 '이 세상' 스스로 진화하도록 했는지도 밝혀야 합니다. 물론 어떤 경우든 '이 세상'은 신이나 조물주와 관계가 있습니다.

반면에 '이 세상은 스스로 생긴 것이다'라고 주장할 때도 몇 가지 문제를 확인해야 합니다. 스스로 생길 경우에 이 세상이 만들어지는 근본적인 원리나 법칙이 먼저 있고 그런 다음 이 세상을 구성하는 물질이 생겼는지, 아니면 원리나 법칙에 앞서서 물질이 먼저 있었는데 그 물질이 스스로 변하면서 생겼는지 살펴보아야 합니다.

따라서 여러분들이 어떤 주장을 하더라도 앞에서 말한 점을 모두 고려해야 합니다. 그렇지 않다면 주장이 겉돌고 논리가 명확하지 않기 때문입니다.

이렇듯 주장을 제대로 펼치려면 많은 지식과 생각하는 힘이 필요합니다. 논술은 짧은 시간에 얻고자 하는 단순한 글쓰기의 기술이 결코 아닌 것입니다. 학교에서 배우는 여러 교과의 지식과 폭넓은 독서량이 있어야 가능합니다.

이어서 초등학생이나 중학생 수준을 중심으로 간단한 논술의 예를 보이겠습니다.

3. 이 세상은 스스로 생긴 것이다

　신화나 전설을 보면 신이 최초로 이 세상을 만들었다는 이야기가 많이 등장한다. 그때 지금의 바다와 산과 들을 만들었다고도 하고, 이 땅을 만든 뒤에 동식물과 사람을 만들었다는 이야기도 전해온다. 그러니까 현재의 자연과 인간을 신이 만들었다는 이야기다.

　반면에 과학적 이론에 따르면 137억 년 전에 빅뱅에 의하여 지금의 우주가 탄생되었고, 우리가 사는 태양계의 나이는 약 50억 년이라고 한다. 그러니까 이 세상은 스스로 생겨서 그 긴 세월 동안 지금 우리가 관찰하고 있는 모습으로 변해왔다고 할 수 있다. 적어도 신화에서 말하듯, 신이 처음 만든 상태 그대로 이 세상이 존속했다고는 말할 수 없다.

　이 세상이 스스로 생겼다는 증거는 다음 한두 가지로 요약할 수 있다. 우선 화석상의 증거를 들 수 있다. 화석은 생물의 시체가 퇴적되어 암석이 된 후 그 흔적이 남아 있는 것인데, 만약 모든 생물이 동시에 생겼다면 같은 지층에서 고생물의 화석 외에 지금 살고 있는 생물의 화석도 나와야 한다. 그런데 실제로 오래된 지층에서는 지금 살고 있는 생물의 화석을 볼 수 없다. 이것은 시대에 따라 다른 생물이 살았다는 것을 증명한다. 따라서 모든 동식물이 동시에 창조되었다면 그럴 리가 없다.

또 땅의 모습은 어떠한가? 지금의 땅의 모습이 태초의 땅의 모습과 같은가? 그렇지 않다. 굳이 대륙이동설 같은 과학적 지식을 말하지 않더라도, 산꼭대기의 지층에서 바닷속 생물의 화석이 발견되기도 하는데, 이는 이 암석이 생성될 때의 환경이 물 속이라는 것을 뜻한다. 따라서 지금의 화석이 발견된 산은 이전에 바다였고, 이것은 화산 활동이나 지진, 풍화, 퇴적, 습곡 등을 통하여 땅의 모습이 계속 변한다는 것을 증명하는 것이다.

이 외에도 소의 앞다리와 고래의 앞 지느러미, 박쥐의 날개가 같은 기관이라는 점, 모든 동물이 처음 생길 때는 그 모양이 다 비슷한 점 등은 생물이 만들어진 상태가 아니라 스스로 변해왔다는 점을 증명해주고 있다.

이상과 같이 이 세상은 누군가에 의하여 만들어진 고정된 모습으로 존속된 것이 아니라, 끊임없이 그 모습을 바꾸면서 변해왔다는 점을 살펴보았다.

우리는 무엇이 그토록 변하게 하는지 알 수 없다. 물질 자체가 가진 힘이나 에너지인지, 우주 밖에서 신이 그것을 조종하는지, 그것도 아니면 우주의 원리 자체가 그런지 지금으로서는 알 수 없다.

이상은 초등학교 고학년이나 중학생 수준에서 모범 답안을 만들어본 것입니다. 다음 글에서는 이 내용을 좀더 세밀하게 분석해서 설명해보겠습니다.

4. 세상을 바라보는 다양한 시각

앞의 글에서는 이 세상의 출발에 대한 모범 답안을 제시하였습니다.

그 내용을 분석해보면, 우선 첫 부분에서는 쟁점을 소개하고 그 가운데 하나를 선택하였습니다. 그리고는 반대 주장에 대한 비판을 피하기 위하여 주장의 범위를 축소시키고, 과학적 사실을 들어 주장을 제시하였습니다.

가운데 부분에서는 주장에 대한 근거를 들었습니다. 지면 관계상 크게 두 가지 근거만 들어 비교적 상세하게 증명하고 나머지는 근거만 나열하였습니다.

끝 부분에서는 주장을 마무리하면서 주장에 대한 반대 논리나 그 주장에 대한 가능성을 열어두면서 마무리하였습니다.

이렇게 논술의 기본은 처음, 가운데, 끝맺음의 문단 구성을 한다는 것쯤은 알고 있지요? 글의 처음에는 주장을 제시하고, 가운데는 주장의 근거를 대어 증명하고, 끝맺음에는 주장을 마무리하는 것 말입니다.

물론 모범 답안과 반대되거나 또 다른 방식으로 다양한 주장을 할 수도 있습니다. 철학사에서는 이미 그런 것들이 다 논의되었습니다. 학생들은 철학사를 모르기 때문에 어떤 형태로 주장하든 간에 주장의 근거가 확실하고 이치에 맞을 때는 훌륭한 논술이 될 수 있습니다. 또 다른 주장의 예를 들면 다음과 같습니다.

➡ 세상은 신에 의하여 창조된 이후 그 원리에 의하여 스스로 변화한다(신학적 관점의 하나).

➡ 신이 세상을 창조하였고 그것을 계속 주관하고 있다(신학적 관점의 하나).

➡ 세상은 어떤 원리에 의하여 스스로 움직이고 있다(관념론).

➡ 물질의 운동이 세상이 변화하는 그 자체다(유물론).

➡ 세상은 그 자체가 하나의 생명체다(유기체론).

그러나 이런 주장의 근거를 대려면 많은 공부가 필요합니다. 그래서 가장 쉬운 초보적인 방법으로 모범 답안을 작성해보았습니다.

다음 글에서는 법칙이 먼저인지 물질(물체)이 먼저인지 예를 들어 논의해보겠습니다.

제2장
사물이 먼저냐 그 법칙이 먼저냐?

A : 사람이 행동해야 할 원칙은 원래 정해져 있는 것이기 때문에 나는 내 마음대로 행동할 수 없다. 윤리나 도덕을 위반하면 나는 사람도 아니다. 인간은 정해진 틀을 벗어나면 안 된다.

B : 원칙은 원래 정해져 있는 것이 아니다. 그것은 사람이 생긴 이후에 사람들 사이의 관계 속에서 생긴 것이다. 윤리나 도덕도 바뀔 수 있다. 그러므로 인간은 자유로운 존재다.

ⓠ 모든 사물에는 속성이나 법칙이 존재합니다. 그런데 그 법칙이 있기 때문에 사물이 있는 것일까요, 아니면 사물이 있기 때문에 법칙이 있는 것일까요? 또 인간 사회에서도 인간이 지켜야 할 절대적인 윤리가 있기 때문에 당연히 지켜야 할까요, 아니면 그런 윤리는 없고 단지 인간이 만들어 지키는 것일까요?

어떤 경우를 선택하느냐에 따라 인간의 행동과 태도가 달라집니다. 여러분은 어느 쪽을 지지합니까? 그 근거를 밝혀보세요.

▼ 키워드 해설

■ 관계(關係 : relation)

둘 이상의 사물이나 인간, 현상들 사이에 서로 관련을 맺는 것으로서, 그 관계가 보편적이고 객관적일 때 하나의 법칙을 이룬다. 사물들 사이의 법칙은 이 같은 사물들 사이의 관계를 말한다.

■ 물질(物質 : material)

인간이나 자연계를 구성하고 있는 재료로, 다양한 자연 현상을 일으키고 공간을 차지하며 감각 기관에 의하여 인식된다. 정신으로부터 독립되어 실제로 있는 그 무엇이며, 시간과 공간 속에 존재하고, 운동은 그것의 속성이다. 철학적으로는 물질과 물질이 표현하는 모든 형식, 곧 빛이나 열, 에너지, 전기 등도 모두 물질의 범주로 여긴다.

■ 속성(屬性 : attribute)

철학에서는 속성을 성질이나 법칙과 같은 개념으로 사용한다. 속성이란 사물의 특징이나 성질로서, 사물이 다른 사물 또 한 사물 안에 각기 다른 요소와 맺는 보편적이고 객관적인 관계를 말한다. 속성이나 법칙은 사물의 보편적인 인과 관계를 다룬다.

■ 현상(現象 : phenomenon)

사물의 본질이 감각될 수 있도록 외부적으로 표현되는 형식, 또는 눈으로 보거나 귀로 듣거나 인간의 감각 기관으로 파악되는 모든 것을 말한다.

■ 법칙(法則 : law)

모든 사물과 현상의 원인과 결과 사이에 들어 있는 보편적이고 필연적인 불변의 관계를 말한다. 철학에서는 일반적으로 속성이나 성질과 같은 뜻으로 사용한다.

⊞ 관련된 학과 또는 주제

☞ 과학(물리, 생물), 역사, 철학.

1. 사물과 그 법칙 중 어느 것이 먼저일까?

우리는 가끔 단순한 사건을 놓고 헷갈릴 때가 있습니다. 가령 생물은 한 번 태어나면 언젠가는 죽는데, 죽는 이치가 있어서 죽을까요 아니면 죽음이 있으니까 죽는 이치가 있을까요? 다른 예를 들어보겠습니다. 수정된 달걀을 일정한 기간 부화 조건에 맞는 같은 온도에 놓아두면 병아리가 나옵니다. 이것은 수정란에 그러한 온도와 기간을 유지시키면 병아리가 되는 이치가 있어서 그럴까요, 아니면 달걀이 그런 조건 속에서 병아리로 부화가 되니까 그런 이치가 생겼을까요? 또는 물은 0℃ 이하에서는 얼음, 곧 고체가 되고, 0℃와 100℃ 사이에는 액체 상태로 있다가 100℃가 넘으면 수증기로 됩니다. 이 또한 어떤 법칙 때문에 그런 것일까요, 아니면 물이 그런 조건 속에서 그런 성질을 갖는 것일까요?

그런데 이런 것은 사물에만 있다고 생각되지는 않습니다. 인간 세상에도 그대로 적용됩니다. 어떤 학자들은 역사에도 일정한 법칙이 있다고 합니다. 가령 원시 공산 사회나 고대 노예 사회, 중세 봉건 사회, 근대 자본주의 사회 등으로 역사가 어떤 단계로 발전한다고 보는 것이지요. 이 경우 어떤 법칙이 있어서 발전할까요, 아니면 역사가 아무렇게나 사회적 조건에 따라 변하는 것일까요?

이런 질문들은 얼핏 보면 쉽게 결론이 날 것 같지만 그렇지 않습니다. 역사적으로 볼 때 많은 철학자들은 의외로 법칙이나 원리가 먼저 있다고 생각했습니다. 물론 철학자가 아닌 사람들은 그런 것마저도 생각해보지 못했고, 생각했더라도 초보적이고 단편적인 단계에서 더 나아가지 못했습니다.

여러분들은 어느 것이 먼저라고 생각합니까? 여기 한 자루의 볼펜이 있다고 합시다. 볼펜은 필기하기 위한 것입니다. 볼펜이 있기 전에 종이에 필기를 한다는 이치가 먼저 있습니다. 반대로 컴퓨터가 생기기 전에 인터넷을 이용하는 이치는 이 세상 어디에도 없었습니다. 그렇다면 어느 것이 먼저일까요?

다음 글에서는 이 질문에 대한 주장과 근거를 말하기 전에 문제의 본질 또는 핵심을 더 살펴보겠습니다.

2. 사물은 무엇이고 법칙은 무엇인가?

사물과 법칙 중 어느 것이 먼저 있었는지 논하기 전에, 사물과 법칙이 무엇인지 정확하게 아는 것이 중요합니다. 곧, 문제와 관련된 요소를 정확히 파악하는 것이 필요합니다.

사물(事物)이란 한자말이 나타내듯 일(事)과 물건(物)을 말합니다. 일은 사람과 관계가 있습니다. 우선 일이란 무엇일까요? 넓은 의미로 말한다면 사람과 관계가 있는 모든 것을 말합니다. 볼일, 일거리, 용무, 임무, 사업, 사무, 직업, 계획, 사건, 사고까지 포함됩니다. 물리학에서는 물체에 힘을 가하여 일정한 거리만큼 움직였을 때 힘과의 거리를 곱한 양을 일이라 말합니다.

그럼 물건은 무엇일까요? 우리가 눈으로 볼 수 있는 산이나 강 등 자연물을 비롯하여 책상이나 컴퓨터 등의 인공물, 눈으로 볼 수 없는 분자나 원자까지도 물건에 속합니다. 그러니까 이 세상에 있는 모든 것을 말합니다.

따라서 사물이란 인간 없이 존재하는 모든 것, 그리고 인간이 관계하여 만들어지는 모든 것을 합쳐 말하는 것입니다.

그러면 법칙은 무엇일까요?

이 세상에 있는 모든 사물들은 다른 사물과 관계를 맺고 있습니다. 그런데 그 관계 가운데 우연히 일어나거나 어쩌다가 생기는 것이 아니라, 늘 언제나 항상 그 사물의 특성을 나타내는 본질적인 관계가 있습니다. 가령 물이 있는데, 물 분자는 산소 분자 하나와 수소 분자 둘이 결합된 것이고, 동일한 조건에서 0℃ 이하가 되면 어디서나 얼음이 되고, 100℃가 되면 끓어 수증기가 됩니다. 이같이 물은 주변의 온도나 기압이 일정하면 언제 어디서나 이렇게 변합니다.

따라서 법칙이란 사물들 사이에서 꼭 일어나고 언제 어디서나 존재하는 일정한 관계를 말합니다. 좀 어렵게 말한다면, 사물들 사이의 본질적, 보편적, 필연적 관계를 말합니다. 예를 들어 번개가 치면 천둥이 울리는 것은 필연적이고 보편적인 관계이지만, 바람이 불면 담장이 무너지는 것은 그런 관계가 아닙니다. 무너지지 않을 수도 있기 때문입니다.

3. 사물과 법칙의 관계

사물과 법칙 중 어느 것이 먼저 있었느냐를 논하려면 알고 있는 지식을 총동원해야 합니다. 앞에서 밝힌 대로 사물과 법칙의 관계를 해명하면 자연히 이 문제가 해결될 것입니다.

먼저 초등학교 고학년이나 중학생 정도의 수준에서 알고 있는 지식을 예로 들면서 문제의 해결에 가까이 접근해보도록 하겠습니다.

초등학교 2학년 교육 과정에 '그림자놀이'라는 것이 있습니다. 여기서는 그림자놀이를 해보고, 양달과 응달, 낮과 밤의 특징을 알아 그에 알맞게 생활하도록 하는 것이 교육 목표입니다.

우선 그림자가 있으려면 빛이 있어야 하고 물체가 있어야 합니다. 학생들은 그림자를 나타내게 할 수 있는 물체를 만든 다음, 그것을 가지고 놀이를 하는 순서로 진행됩니다. 이 과정을 통해서 학생들로 하여금 왜 그림자가 생기는지 의문을 갖도록 유도하고, 그 까닭을 빛과 관계지어 알아보도록 하며, 이 개념을 적용하여 낮과 밤이 생기는 것을 설명하게 합니다.

여기서 빛은 물질의 특수한 형태이고, 물체는 사물입니다. 빛을 물체로 가리는 것은 사건 또는 일이라 말할 수 있습니다. 그러니까 그림자는 빛을 물체로 가리는 사건을 통해서 생기는 것입니다. 여기서 발견되는 법칙은 무엇일까요? 네, '빛을 물체로 가리면 그림자가 생긴다'는 사실입니다.

하나의 예를 더 들어보겠습니다. 역시 초등학교 2학년 교육과정에 '물총놀이'라는 것이 있습니다. 일정한 용기에 물을 넣고 압력을 가하면 압력이 다른 쪽으로 전달된다는 것과, 물은 위에서 아래로 흘러내린다는 것, 담는 그릇에 따라 모양이 달라진다는 것을 통하여 액체의 성질을 발견할 수 있게 합니다. 여기서 물은 액체라는 물질이고, 물총이나 그릇은 물체입니다.

위의 예를 통하여 우리는, 빛과 액체의 성질은 스스로 존재하는가 아니면 다른 물체와의 관계 속에서 생기는가 하는 점을 쉽게 설명할 수 있을 것입니다. 그러므로 법칙이란 둘 이상의 대상의 관계를 나태내는 수학에서의 '함수(函數)'와 같다고 말할 수 있습니다.

다음 글에서는 예시적인 논술을 작성해보이겠습니다.

4. 법칙은 사물보다 앞서 존재하지 않는다

어떤 사물이 있으면 그 사물의 성질이 있기 마련이다. 가령 여기에 한 마리의 물고기가 있다고 하자. 그러면 이 물고기는 아가미로 호흡하고 지느러미로 물 속에서 헤엄치며 알로 번식한다. 이처럼 물고기와 그 특성은 분리할 수 없는 것처럼 보인다. 심지어 물고기가 모두 없어진다고 하더라도 물고기의 특성은 물고기와 상관없이 있는 것처럼 생각된다.

그러나 많은 발명품이 증명하듯, 어떤 물건이 발명되기 전에는 그 물건의 성질이나 법칙이 있지 않았다. 물건이 생겨남과 동시에 비로소 그 물건의 성질이나 법칙이 있는 것이다.

그러면 법칙이 사물보다 먼저 있지 않았다는 몇 가지 근거를 찾아보자.

우선 법칙이란 사물들 사이에 꼭 일어나고, 언제 어디서나 존재하는 관계를 말한다. 그러니까 하나의 법칙이 성립하기 위해서는 적어도 두 개 이상의 사물이 필요하다. 가령 계절이 변하는 법칙이 있기 위해서는 태양과 지구의 운동, 지구 대기의 온도 변화 등이 필요하고, 아르키메데스의 원리가 성립되려면 액체와 또 다른 물체들이 필요하다. 또 위에서처럼 물고기의 특성이 생기려면 물고기와 물 그리고 물에 녹아 있는 산소가 있어야 한다. 물고기와 물과 산소가 있기 전에 그런 특성이 존재할 수 있는가?

게다가 컴퓨터나 미사일 같은 물건이나 유전자 조작을 통하여 탄생되는 생물은 백 년 전만 해도 없었다. 이때 이 물건들의 법칙이 먼저 존재했던 것이 아니라, 이것들이 만들어지고 다른 것과 관계하면서 법칙이 성립된 것이다. 곧, 컴퓨터나 로켓의 하나하나의 부속품들은 이 물건들이 만들어지기 전에는 이 물건과 관계되는 법칙을 형성할 수 없었다.

더구나 인간이 관계하는 일의 법칙이나 원리는 인간이 있기 전에는 결코 있을 수 없었고, 인간이 존재한 이후로 인간의 생활 방식에 따라 달라질 수 있다.

따라서 법칙이란 사물들 사이의 필연적인 관계를 말하므로, 사물이 있어야만 사물에 의지하여 존재하는 것이다. 그러므로 법칙이 사물에 앞서서 존재한다고 말할 수 없다.

이상은 정상적인 학력을 갖춘 초등학교 고학년 이상의 학생이라면 무난히 이해할 수 있는 간단한 모범 답안이었습니다. 주제의 특성상 다소 어려운 내용이었습니다. 다음 글에서는 이 글의 내용을 분석해보겠습니다.

5. 법칙의 뜻 속에 답이 있다

앞의 글은 모범 답안입니다. 다른 방식으로도 문제에 대한 답을 얼마든지 작성할 수 있습니다. 학생들의 창의적인 상상력을 동원하여 작성한다면 더욱 훌륭한 논술이 될 것입니다.

우선 시작하는 글에서 하나의 예를 들어, 법칙과 사물 사이의 관계에서 법칙이 독립적으로 존재할 수도 있다는 개연성을 보였습니다. 그러나 뒤이어 발명품을 예로 들어, 법칙은 스스로 존재할 수 없다는 반론을 제시하여 주장으로 삼았습니다.

글의 가운데 부분에서는 법칙이 사물보다 먼저 있지 않았다는 근거를 들었습니다. 먼저 법칙의 의미를 가지고 분석했습니다. 법칙이란 사물들 사이의 관계에서 성립하는 것이므로 사물에 앞서서 존재하지 못함을 증명했습니다.

다음으로 구체적인 발명품을 예로 들어, 그것들이 생기기 전에는 그것과 관계된 법칙이 생길 수 없음을 근거로 제시하였습니다. 마찬가지로 인간이 지구상에 등장하기 전에는 인간과 관계된 법칙은 더욱 인간에 앞서 존재할 수 없음을 밝혔습니다.

마지막 부분에서는 글을 마무리하면서 법칙이 성립하는 요소를 다시 한 번 밝힘으로써 주장을 확인하였습니다.

지금까지 다룬 주제는 어린 학생들에게는 이해하기 힘든 철학적인 주제입니다. 물질과 그 속성 또는 존재와 원리 가운데 어느 것이 먼저 존재하는가를 묻는 것으로서 철학적 관점에 따라 다르게 설명되고 있습니다.

모범 답안은 최대한 과학적 입장에서 밝히고자 했습니다. 좀 더 많은 책을 읽고 생각을 가다듬는다면 다른 각도에서도 얼마든지 답을 작성할 수 있습니다.

제3장
귀신은 있는가?

A : 내가 죽으면 내 영혼이 저 세상으로 간다. 그래서 나는 종교의 가르침대로 착하게 살아야 한다.

B : 귀신 따위는 없다. 따라서 천당이나 지옥에 간다는 영혼도 없다. 있는 현실을 그대로 받아들이고 떳떳하고 당당하게 산다.

> ⓠ 귀신은 있을까요? 귀신이 있다면 그것은 무엇일까요? 보통사람들은 귀신의 문제를 인간의 영혼불멸설과 곧장 연관시킵니다. 그래서 천당과 지옥을 인정하게 되고 종교적 입장을 받아들이게 됩니다. 이렇듯 귀신의 존재 여부는 중요한 의미를 지니며 인간의 태도와 행동에 큰 영향을 줍니다.
>   여러분들은 귀신이 있다고 생각합니까 아니면 없다고 생각합니까? 어느 경우든 그 근거를 합리적으로 밝혀보세요.

▼ 키워드 해설

■ 감각(感覺 : sensation)

눈, 코, 입 등을 통하여 외부의 자극을 알아차리는 것으로, 감각 작용 또는 지각(知覺) 작용이라고도 한다. 이때 눈, 코, 입 등을 감각 기관이라 부른다.

■ 경험(經驗 : experience)

외부 세계를 감각이나 지각 작용에 의하여 인간의 내부로 받아들이는 일. 곧 우리 몸 밖의 사물을 감각 기관을 통하여 뇌에 기억하거나 이해하는 행위로, 유사한 말에는 체험(體驗)이 있다.

■ 노이로제(neurose)

불안, 과로, 갈등, 억압 따위의 감정 체험이 원인이 되어 생기는 일종의 정신병으로, 신경증이나 히스테리 따위를 말한다.

■ 무속(巫俗)

무당의 풍속으로, 무당은 인간과 귀신(신)의 세계를 연결시켜주는 사람으로 고대의 제정 일치 사회에서는 권력의 핵심부에 있었다. 무속은 문명이 발전하면서 점차 권력에서 밀려났는데, 근대화된 이후 풍속이나 민속놀이 또는 개인적인 기복 신앙의 형태로 존재하고 있다.

■ 무의식(無意識 : unconsciousness)

정신분석학적 용어로, 꿈이나 최면, 정신 분석 등에 의하지 않고는 의식되지 않는 상태로 존재하며, 일상의 정신 상태에 영향을 주고 있는 마음의 심층을 말한다. 곧 인간의 일상적인 심리를 좌우하는 것이 이 같은 무의식으로, 우리의 일상적인 의식이란 빙산의 일각이요 나머지는 모두 이 무의식으로 본다.

■ 영혼(靈魂 : soul)

사람들은 보통 혼령을 영혼이라 생각하고, 종교에서는 정신적이고 비물질적인 영원한 원리로 여기지만, 철학에서 말하는 영혼이란 일단 '신체를 살아 있는 것으로 만들어주는 숨결'이라 생각해볼 수 있다. 영혼의 기능에는 성장과 생식 기능, 감각 기능, 운동 기능 그리고 고등 동물에게서 발견되는 이성적 기능이 있다. 전통적으로 영혼은 신체와 분리될 수 있는 불멸의 것으로 생각되었으나 18세기 이후 서양에서는 강력한 비판을 받았다.

■ 환각(幻覺 : hallucination)

실제로는 인식 대상인 사물이나 자극이 외부 세계에 없음에도 그것이 실제로 있는 것처럼 느끼거나 느껴졌다고 생각하는 감각을 말한다.

⊞ 관련된 학과 또는 주제

☞ 과학(물리, 생물), 민속학, 신화, 심리학, 의학, 인류학, 인식론(철학), 정신분석학.

1. 귀신은 정말 있을까?

　우리가 살아가는 가운데 귀신만큼 많은 사람들의 호기심을 자극하는 대상도 드물 것입니다.

　초등학생들이 자주 읽는 전래 동화나 텔레비전의 '전설' 관련 드라마나, 심지어 귀신을 소재로 한 영화가 많은 것이 그것을 증명하고 있습니다.

　지금도 일부 종교인들이나 무속(巫俗)에 종사하는 사람들은 귀신의 존재를 믿고 있습니다. 옛날 우리 조상들 가운데는 사람이 아프거나 좋지 않은 일이 있을 때 귀신의 장난으로 여기는 사람들이 많았고, 오늘날 사람들 가운데도 이런 현상을 귀신의 장난으로 여기는 사람들이 의외로 많습니다.

　그래서 조상의 묘소를 잘못 정했거나 신의 뜻을 어겼거나, 아니면 조상의 제사를 지내지 않아서 좋지 않은 일이 생긴다고 믿기도 합니다. 그 반대로 조상을 잘 모셨거나 신을 잘 모시기 때문에 사업이 잘 되고 복을 받는다고 믿는 사람들이 생각보다 많은 형편입니다.

이런 현상을 확인하는 데는 어렵지 않습니다. 여러분들의 가족이나 주변 사람들의 생각을 들어보면 금방 알 수 있습니다. 귀신을 보았다는 사람은 적지만 실제로 귀신을 염두에 두고 생활하는 사람이 적지 않다는 것입니다. 사람들의 이런 모습을 보고 오죽하면 공자도 "귀신을 공경하되 멀리하라"고까지 말했겠습니까?

그렇다면 정말 귀신은 있을까요? 만약 귀신이 있다면 어떤 형태로 존재할까요? 귀신이 있다는 것을 어떻게 알 수 있을까요? 또 귀신의 모습은 정말 드라마나 놀이공원에서 볼 수 있는 그런 것일까요? 귀신이 있다면 어떤 능력을 지녔을까요? 귀신과 유령은 같은 것일까요 다른 것일까요? 요괴는 무엇이고, 도깨비와 귀신은 어떻게 다른가요? 사람이 죽으면 귀신이 되나요? 사람이 죽어서 된 것 외에 다른 귀신은 없습니까? 그리고 귀신이 있다면 우리는 어떻게 행동해야 하고, 없다면 또 어떻게 행동해야 할까요?

귀신에 대한 여러분의 입장을 합리적으로 말해보십시오.

2. 내가 아는 귀신은?

전문적인 논리적 훈련을 받지 않은 대부분의 사람들은 어떤 주제에 대하여 글을 쓰라고 하면 우선 다짜고짜 자기가 알고 있는 것을 사실인 양 생각하고 곧바로 글을 쓰려고 합니다. 그렇게 되면 글의 논리가 한쪽으로 치우치게 되고 내용도 궁색하게 됩니다. '귀신'이라는 주제만 해도 그렇습니다. 대부분의 사람들은 자기가 알고 있는 것이 귀신의 전부라고 습관적으로 생각합니다. 그래서 쉽게 결론을 내려 해결하려고 합니다.

그러나 문제는 그리 간단하지 않습니다. 굳이 민속학이나 인류학을 거창하게 들먹일 필요 없이, 우리 주변에 흔히 알려져 있는 귀신의 종류만 열거해보면 머리가 아플 지경입니다. 웬 귀신이 그렇게도 많은지 말입니다. 이웃나라 일본도 귀신이 많고, 인도 같은 나라는 더 많다고 합니다.

흔히 알고 있는 것이 텔레비전 드라마에 자주 등장하는 흰 옷 입고 머리 풀고 나타나는 여자 귀신, 일반적으로 원혼(冤魂)이라 부르는 귀신입니다. 귀신 가운데는 어떤 모습도 없이 사람의 몸 속으로 들어온다는 귀신도 있습니다.

그뿐이 아닙니다. 사람이나 동물이 죽어서 귀신이 된 경우도 있지만, 원래부터 신(神)이란 이름으로 불린 귀신들도 많습니다. 가령 예전에 물 속에는 용왕이 살고, 산에는 산신령이 살고, 나무에는 나무 귀신이 있고, 부엌에는 부엌 신이 있고, 사람이 아프면 귀신의 장난이라 하고, 사람이 잘되거나 못 되는 것도 귀신 때문이라 하여 세상 곳곳에 신이 있다고 믿었습니다. 어떤 무당들은 죽은 사람의 영혼을 불러내 대신 말을 전하기도 하는데, 이 또한 귀신과 관계됩니다.

심지어 유학자(儒學者)들은 기독교의 천국이나 불교의 지옥이나 극락도 모두 귀신과 관계된다고 보았습니다. 게다가 그리스 로마 신화의 그 많은 신들도 우리 조상들의 입장에서 볼 때는 모두 귀신들입니다. 그 신들은 지금 어디에 있나요?

이렇듯 귀신이 있느냐 없느냐를 생각하기 전에 귀신에 대한 기본적인 사항을 알아야 합니다. 게다가 사람들은 무엇 때문에 귀신이 있다고 생각하게 되었는지도 알아야 합니다. 이 말은, 주장을 제대로 하려면 글을 작성하기에 앞서 어떤 사물이나 주제에 대한 기본적인 지식이 필요하다는 것입니다. 그런 지식은 직간접적인 경험을 통하여 획득하는 길 외에는 없습니다.

다음 글에서는 정말로 귀신이 있다면 어떻게 귀신을 알아보는지 살펴보겠습니다.

3. 귀신을 어떻게 알아볼 것인가?

여러분들은 귀신의 존재가 궁금합니까? 아니면 귀신이 있든 없든 그것을 증명하는 생각의 방식이 궁금합니까? 논술을 준비하는 학생이라면 후자 쪽에 관심을 두어야 합니다.

앞의 글에서 우리는 귀신의 종류가 많다는 것을 알아보았습니다. 역사가 긴 만큼이나 귀신의 역사도 깁니다. 많은 문명의 발생과 함께 귀신이 등장했다가, 그 문명이 사라지면 귀신도 사라졌습니다. 지금 대한민국 서울의 광화문 네거리 한복판에 제우스신이 나타났다고 떠든다면 아무도 믿지 않겠지요. 그래서 예전에 있었던, 이름도 다 알 수 없는 신이나 귀신이 나타날 수도 없거니와 나타날 것이라고 믿는 사람들도 없습니다. 그 당시에는 사람들이 그런 신이 있었다고 믿었겠지만, 역사를 조금만 아는 사람이라면 그것들이 지금은 역사의 뒷골목으로 사라졌다는 것을 금방 알 수 있습니다.

그렇다면 왜 우리가 그런 신들이 없다고, 아니 나타나지 않을 것이라고 믿습니까? 그렇다면 그것은 아마도 그런 신들이 한 번도 현대에 사는 우리 앞에 나타난 적이 없다는 것이 큰 이유가 되겠습니다.

조금 전문적으로 들어가면, 신이나 귀신은 고대인들의 소원이나 갈망, 두려움, 자연 재해, 질병, 인간이 이해할 수 없는 힘 등을 상징하는 존재였다는 것을 금방 알 수 있습니다. 이 경우 귀신은 단지 상상의 산물일 뿐입니다. 오늘날은 그런 귀신의 역할이나 능력을 과학의 힘으로 이해하게 되었습니다.

그런데도 정말 귀신이 있다면 어떻게 알아볼 수 있을까요? 당연히 눈이나 귀, 손과 같은 감각 기관으로 알아볼 수밖에 없겠지요. 귀신이 인간의 감각 기능을 초월해 있다면 그걸 대신하는 기계의 도움으로 알아보아야 하겠습니다. 이 경우라 하더라도 여전히 감각 기관을 통해서 아는 것입니다.

여기서 감각 기관을 통하지 않고 머릿속에 떠오를 때도 우리는 귀신이 있다고 믿어야 할까요? 가령 무당이나 점쟁이가 중얼중얼 주문을 외다가 마치 신이 자신의 몸 속에 들어온 양, 이른바 '귀신의 음성'을 들려주는 경우에도 귀신이 그 사람에게 와서 그린다고 믿어야 할까요?

다음 글에서는 귀신이 있다면 어떤 것이어야 하는지 알아보겠습니다.

4. 귀신은 물질인가?

만약 귀신이 있다면, 있다는 사실을 어떻게 알게 될까요? 우리에게 귀신을 아는 방법이 없다면, 설령 귀신이 있다고 해도 없다는 결론을 내릴 것입니다.

일반적으로 우리가 우리 몸 밖에 있는 무엇을 안다는 것은 우선 눈, 코, 귀, 입, 피부를 통해서 알게 됩니다. 설령 그것을 우리의 눈과 귀로 직접 보지 못하고 기계를 통하여 알더라도 최종적으로는 우리의 감각 기관을 통해야 하는 것입니다. 가령 세균을 우리의 육안으로 볼 수는 없지만 현미경으로 보는 것과 같은 이치입니다.

그러니까 귀신이 있다는 것이 사실이라고 주장한다면, 누군가 눈이나 귀를 통하여 귀신을 보았거나 귀신의 소리를 들었을 것입니다. 아니면 먼 미래에 기계 장치로 알아낼 수도 있겠지요. 결국 귀신이 있다면 모습을 가지거나 소리를 내거나 그것도 아니면 냄새나 맛이나 촉감이 있어야 합니다.

모습이나 소리나 맛이나 냄새를 내는 것은 오직 물질뿐입니다. 물질이란 정지된 형태로 있는 것이 아니라 여러 가지 모습, 곧 빛이나 소리나 냄새 등으로 표현되기 때문에, 결국 인간의 감각 기관에 경험되는 모든 현상을 물질이 하는 일이라고 말할 수 있습니다.

그러니까 귀신이 있다면 그것은 물질의 한 형태라고 말할 수 있습니다. 그런데도 모습도 소리도 냄새도 없는 귀신이 있다고 말할 수 있을까요? 우리는 앞의 글에서 말한 것, 곧 감각 기관을 통하지 않고 무당의 머릿속을 통하여 메시지를 전달할 때도 우리는 귀신이 있다고 믿어야 할까요? 이른바 마음속에서 귀신의 음성을 듣는 경우에도 귀신이 그 사람에게 와서 속삭인다고 믿어야 할까요? 다시 말해 이 경우 사람의 머릿속에서 일어나는 현상도 귀신의 일일까요?

귀신이 정말 있든 없든 상관없이 무당이 하는 일과 과거에 귀신의 장난으로 여겼던 정신병도 결국 우리 두뇌에서 생기는 일이고, 두뇌는 물질로 이루어졌으며, 두뇌의 활동은 물질 작용의 하나이므로, 이 경우에도 여전히 물질과 관련이 있습니다.

수년 전 「유령 사냥꾼」이란 만화 영화가 있었습니다. 기계 장치로 유령을 찾아내어 잡아 모으는 영화였는데, 이 만화에 깔린 생각 역시 유령도 물질로 이루어졌다는 것입니다. 이외에도 부적을 붙이면 귀신이 도망간다거나 복숭아나무를 귀신이 싫어한다거나 귀신이 마늘 냄새를 싫어한다는 것 따위도 모두 귀신이 물질로 이루어져 있다는 생각을 은연중에 드러내는 것입니다.

다음 글에서는 귀신을 본 사례들을 중심으로 얘기하겠습니다.

5. 귀신을 이렇게 체험한다

많은 사람들이 귀신에 대해 잘 아는 듯 얘기하지만, 사실을 확인해보면 제대로 체험했다는 사람은 거의 없습니다. 귀신을 체험했다는 몇 가지 사례를 분류하면 다음과 같습니다.

우선 입에서 입으로 전파된 이야기를 듣고 실제 사실인양 믿는 경우입니다. 어떤 사람에게 들은 이야기인데, 누군가 어디서 귀신을 보았다더라 하는 것 등이 그것입니다. 이런 이야기는 두루 퍼져 있어서 실제로 누가 보았는지 확인할 길이 없습니다.

다음으로, 환각이나 환청을 통하여 귀신을 보았거나 소리를 들었다는 경우입니다. 환각은 보통 약물을 통하여 이루어지는데, 원시 부족의 주술사나 무당은 약물을 사용하기도 합니다. 필자도 어렸을 때 경험한 것이지만, 독한 감기약을 먹어 몽롱한 상태에서 낯선 사람이 쏘아보는 환각 상태를 경험한 적이 있습니다. 그리고 흔히 심리적으로 불안하거나 몸이 허약하거나 두려운 상황일수록 환각이나 환청을 경험할 수 있습니다. 두려움에 떨며 어두운 밤길을 가다가 귀신을 보았다는 경우가 이 경우인데, 나뭇가지나 바위 등이 귀신으로 보이기도 하고, 바람소리나 가랑잎 굴러가는 소리를 귀신의 소리로 착각하기도 합니다. 또한 노이로제나 정신병 같은 경우에도 환청이나 환각을 경험하기도 하고, 열광적인 종교적 집단 의식이나 몰입을 통에서도 환각이나 환청을 체험하기도 합니다.

또한 사람들은 옛 문헌의 권위에 힘입어 귀신이 있다고 쉽게 믿어버립니다. 가령 종교의 경전이나 옛날 기록을 그대로 믿는 경우입니다. 아직도 어떤 종교에서는 자신들의 종교와 거리가 먼 생각이나 행동을 귀신(마귀)의 짓으로 믿고 있습니다. 심지어 병을 고친답시고 그 사람 안에 들어 있다는 귀신을 쫓아내려고까지 합니다.

끝으로 우리가 보통 신들렸다고 말할 때도 당사자에게는 귀신에 대한 체험이라 말할 수 있는데, 이것은 내적인 무의식에 대한 체험 또는 일종의 정신분열증으로 보거나 아니면 심리적인 이상 현상으로 간주하는 경우도 많지만, 앞으로 더 연구해야 할 과제이기도 합니다.

이렇게 귀신에 대한 여러 사례를 살펴보았는데, 귀신의 존재를 증명하는 데 도움이 될 것입니다. 다음 글에서는 귀신의 존재를 논의하는 것이 왜 중요한 문제인지 살펴보겠습니다.

6. 귀신이 있다면 어떻게 행동하나?

　좋은 논술은 단순히 글쓰기 재주만으로 되는 것이 아니고, 주장을 뒷받침하는 근거를 많이 알아야 합니다. 그래서 지금까지 귀신에 대해 여러 방면으로 알아보았습니다. 이른바 통합형 논술도 이런 다방면의 지식을 근거로 작성되는 것입니다.

　그런데 근거 못지않게 중요한 것이 또 하나 있습니다. 그것은 어떤 주장에 대한 문제 의식입니다. 그런 주장을 왜 하게 되었는지, 그 주장이 왜 문제가 되는지 그리고 그 주장에 어떤 중요한 의미가 들어 있는지 밝혀야 합니다. 이러한 문제를 드러내는 것을 문제 제기라 하고, 대개 논술의 첫머리에 주장의 배경과 필요성을 가지고 문제를 제기하게 됩니다.

　옛말이 이런 말이 있습니다. "귀신이 있다고 하면 세상 효자들이 부모 제사를 잘 모시기 위해 재산을 바닥낼 것이고, 귀신이 없다고 하면 세상 불효자들이 못하는 짓이 없을 것이다." 또 공자는 "귀신을 공경하되 멀리하라"는 말을 했는데, 아마도 귀신이 있고 없음에 따라 사람들의 태도에 큰 영향을 주는 것을 암시하는 말이라 하겠습니다.

귀신이 있다고 믿는 사람들 중에는 귀신을 잘 섬겨 복을 받기 위해 시간과 돈을 투자하는 사람들이 있습니다. 자신의 생각보다는 귀신의 마음에 드는 행동을 해야 하기 때문에, 무당이나 점쟁이의 말만 듣고 행동할 것입니다. 가령 어떤 사람이 병을 치료하거나 사업을 잘하기 위해 과학적이고 합리적인 방법이 있는데도 그것을 무시하고 귀신을 섬기는 쪽으로 행동한다면 문제를 쉽게 해결하기 어려울 것입니다. 하물며 회사 책임자나 국가 지도자가 전문가의 합리적인 조언을 무시하고 귀신의 판단을 기대한다면, 그 나라나 회사가 어떻게 되겠습니까?

더구나 어떤 일에 실패했을 때 그 원인을 분석하여 다시는 되풀이하지 않아야 함에도 불구하고, 단지 귀신을 잘못 섬겼기 때문에 실패했다고 생각한다면, 다음에도 또 실패할 것입니다. 게다가 개인이나 단체들끼리 얽혀 있는 복잡한 이해 관계에서 귀신이 누구의 말을 들어준단 말입니까? 그럼에도 불구하고 오늘날까지도 자신이나 단체의 일을 합리적으로 생각하지 않고 귀신의 탓으로 돌리는 사람들이 의외로 많습니다. 이런 사람들이 많을수록 우리 사회의 진보는 더디고, 이 같은 비이성적인 판단이나 행동으로 낭비되는 시간과 돈도 엄청날 것입니다.

이렇듯 귀신이 있느냐 없느냐에 대한 태도를 분명히 하고 사는 것은 개인뿐만 아니라 사회에도 매우 중요한 것입니다. 설령 귀신이 있다고 믿더라도 공자의 말처럼 '멀리한다'면 그 부작용이 훨씬 줄어들겠지요.

다음 글에서는 가령 '귀신은 없다'는 제목으로 글을 쓸 때 필요한 글의 개요를 작성해보겠습니다.

7. 귀신에 대한 생각 정리하기

어떤 글을 쓰든 사전에 미리 준비를 해야 합니다. 마치 집을 짓기 전에 설계도를 먼저 그리는 것처럼 글의 개요를 작성해야 합니다.

잘 알다시피 주장하는 글은 세 부분으로 구성하는데, 처음에는 문제의 배경이나 필요성 등의 문제 의식을 주장과 함께 드러냅니다. 가운데에서는 주장에 대한 근거를 나타냅니다. 근거는 논리적이면서 증거가 명확해야 합니다. 끝에서는 주장을 마무리하고 주장에 대한 전망이나 태도 등을 씁니다.

이처럼 지금까지 말한 귀신에 대한 생각을 아래와 같이 정리할 수 있습니다.

✋ 문제 제기

— 귀신에 대한 비합리적이고 비과학적 태도가 불러온 폐해.

— 현대 사회에서 비합리적인 사례.

— 인간의 주체적인 삶의 필요성 부각.

— 귀신은 없다.

▼ 근거 제시

— 귀신이란 인간의 상상의 산물이다. 역사적으로 사라진 귀신
  이 많기 때문이다.

— 귀신이 과학적으로 관찰된 적은 없다. 귀신에 대한 체험은
  주관적이고 심리적이다.

— 귀신이 있다면 물질이고, 물질은 우리의 현실이다. 과학으로
  다루어야 한다.

⚠ 끝맺음

— 현재까지의 증거로 보면 귀신은 없다.

— 합리적이고 주체적인 생활이 필요하다.

이 개요를 바탕으로 주장하는 글을 작성해보기 바랍니다. 다
음 글에서는 모범 답안을 작성해보겠습니다.

8. 귀신은 없다

    귀신에 대한 다양한 견해로 주장을 펼칠 수 있습니다만, 여기서는 '귀신은 없다'는 논지로 주장을 펼칩니다.

    예전에는 병이 나거나 불행한 일이 생기면 귀신을 노하게 만들었기 때문에 귀신을 달래야 한다고 하여 일을 더 망치는 경우가 많았습니다. 문명이 발달한 오늘날에도 귀신의 뜻을 물어 해결하려는 사람들이 있습니다. 이들은 문제 해결에 대한 합리적인 방법이나 이론이 있음에도 불구하고, 있지도 않은 귀신의 판단을 구함으로써 자신들의 삶을 스스로 책임 있게 꾸려나가지 못하고 있습니다.

    귀신의 존재에 대한 합리적인 생각을 근거로 생활한다면, 좀더 나은 삶을 영위할 수 있을 것입니다. 따라서 귀신의 존재에 대하여 정확하게 아는 것이 중요합니다.

    귀신은 역사적인 산물입니다. 역사를 거슬러 올라가면 인간이 자연과 미지의 세계에 대한 두려움과 공포를 귀신으로 둔갑시켰습니다. 신화 속의 신들이 여기에 속합니다. 그렇게도 많은 신들이 지금 어느 곳에도 살아 있지 않습니다. 역사 속으로 사라졌습니다.

그리고 문화에 따라 다양한 신들이 존재한다는 것은 신이 인간의 상상 속에서 나타난 것임을 알 수 있습니다.

다음으로 귀신은 과학적으로 관찰된 적이 없습니다. 물론 우리 나라 사람들 대다수가 생각하는 귀신도 마찬가지입니다. 만약 과학적으로 입증되었다면 세계가 떠들썩하겠지요. 귀신을 보았다는 말도 신빙성이 없고, 직접 보았다는 주장도 그 사람의 주관적 심리 현상과 관계되어 있어 누구나 볼 수 있는 것이라 단정을 지을 수 없습니다.

만약 귀신이 있다면, 억울하게 죽은 수많은 사람들의 영혼이 왜 침묵하고 있는지 설명할 길이 없습니다. 그럼에도 불구하고 귀신이 있다고 주장한다면, 그것은 인간의 감각으로 확인할 수 있어야 하며, 그때의 귀신은 물질로 이루어진 것입니다. 물질로 이루어진 것이 아니면 확인할 수 없기 때문입니다. 그렇다면 그것은 과학의 대상이고, 귀신의 인과 관계나 법칙을 발견하여 밝힐 수 있으므로 더 이상 미신이 아니며, 인간이 유익하게 이용할 수 있을 것입니다.

이와 같이 현재까지의 증거로 보면 어디에도 귀신이 있다고 확증할 수 없습니다. 사람들이 자신의 능력으로 어떤 문제를 해결할 수 없기 때문에 초자연적인 힘에 의지하려는 것은 이해할 수 있으나 진정한 해결 방법은 아닙니다. 없는 귀신에게 의지하려는 것도 우습지만 그것을 두려워할 가치도 없습니다. 따라서 귀신에 대한 명확한 태도를 갖추어 자신의 삶을 당당하고 책임 있게 꾸려나가는 것이 합리적인 생활이요 행복의 열쇠입니다.

9. '귀신은 있다'

앞의 글에서 '귀신은 없다'는 제목으로 모범 답안을 작성해보았습니다. 물론 이렇게 제목을 정한 데는 특별한 의도가 있습니다. 그것은 논술이 이치에 맞는 합리적 태도에서 출발하기 때문입니다. 그러면 합리적인 태도와 그렇지 못한 것의 특징은 어떠할까요?

가령 귀신이나 종교에서 말하는 신과 같은 존재는 우리 모두가 경험할 수 있는 보편적인 존재도 아니고, 또 과학으로 증명할 수 있는 것도 아닙니다. 일부 사람들이나 종교인들이 그것을 체험했다고 해서 모든 사람에게 통용되는 것은 아닙니다. 그러므로 개인의 주관적 경험이나 심리 상태를 주장의 근거로 제시한다면 설득력이 약하게 됩니다.

그 다음으로 개인적인 신념도 주장의 근거로 사용할 수 없습니다. 개인적인 신념이란 종교적인 신앙심에서 우러나오는 것도 있고, 자신의 체험이나 생활 속에서 나올 수도 있습니다. 가령 '신을 믿으면 반드시 성공한다'든가 '축구는 정신력이 최고' 따위가 그것입니다.

또 근거 없는 설이나 출처가 불분명한 것을 근거로 사용할 수 없습니다. '누구누구가 어디서 귀신을 보았다고 하더라' 또는 '암 예방에는 ○○버섯이 최고다' 따위가 그런 것입니다. 대개는 유명한 사람의 말을 인용하는 경우도 있는데, 언제 어디에서 말했는지 분명히 밝혀야 합니다.

끝으로 근거는 과학적이어야 하고 논리에 맞아야 합니다. 자연과학뿐만 아니라 사회과학적 지식을 많이 알수록 근거를 확실하게 할 수 있습니다. 합리적이란 말이 이성에 부합된다는 뜻이니까 논리적이란 말과도 통합니다. 논리는 하루아침에 익힐 수 있는 것이 아니고 많은 사고를 통해서 이루어지므로, 끊임없이 생각하는 습관을 길러야 합니다.

이렇게 합리적인 것을 기준으로 생각한다면 아무래도 '귀신은 없다'는 주장이 가능하고, 그것에 따른 근거를 쉽게 제시할 수 있는 것입니다. 만약 '귀신은 있다'는 주장을 펼친다면, 그에 따른 근거를 명확히 대야 하는데, 그렇게 하려면 과학적 근거보다 주관적 체험이나 출처가 불분명한 사례 그리고 자신의 믿음을 근거로 말할 수밖에 없겠지요.

제4장
사람은 정말로 착하게 태어났을까?

A : 나는 착하게 태어났으므로 나의 본성이 잘 발휘되게 노력하면 착한 사람이 된다. 내 마음의 공부를 잘해야 한다.

B : 나는 나쁘게 태어났으므로 나의 본성이 발휘되지 못하도록 막아야 한다. 그러므로 규율을 엄격하게 적용하여 나쁜 행동이 나타나지 못하도록 노력해야 한다.

C : 사람은 원래 착하지도 악하지도 않다. 다만 인간이 그렇게 여길 뿐이다. 착하거나 나쁘다고 하는 것도 우리가 합의하여 정할 문제다.

Ⓠ 기독교에서는 전통적으로 최초의 인간인 아담이, 금지한 선악과를 따먹어 하느님의 명령을 어겼으므로 그의 후손이 되는 모든 인간들에게 원죄가 있다고 봅니다. 중국 전국시대 순자는 인간의 성품을 악한 것으로 보았고, 반대로 맹자는 인간의 성품을 착하다고 주장했습니다. 또 어떤 이들은 인간을 천사와 악마의 중간적 존재라고 말하기도 합니다.

여러분들은 여러분 자신이 어떻게 태어났다고 생각합니까? 착하게 태어났다고 봅니까 아니면 악하게 태어났다고 봅니까? 각자의 주장과 그에 따른 근거를 밝혀보세요.

▼ 키워드 해설

■ 도덕(道德 : moral)

인간이 따라야 할 목적과 그 목적을 수행하는 데 필요한 수단을
규정한 이론, 윤리. 곧 인간으로서 마땅히 지켜야 할 도리나 그에
준한 행위를 말한다.

■ 본능(本能 : instinct)

생물의 한 종(種)에 특별히 있으며 유전되는 선천적 적응 방식으
로 유전적 프로그램에 의하여 작동한다. 곧 생물이 선천적으로
갖고 있는 동작이나 운동을 말한다. 정신분석학에서는 이드(id)
를 구성하는 무의식적이고 심리적인 힘으로 신체적인 것과 정신
적인 것의 경계선에 있는 개념이다.

■ 본성(本性)

생물이 날 때부터 갖고 있는 특유한 성품을 말한다. 주로 동양철
학에서 인간의 본성을 말할 때 논의되었으며, 학파에 따라 설명
방식이 다양하다. 전통적으로 유가(儒家)는 인의예지(仁義禮智)
와 같은 인간 성품이 날 때부터 정해져 있다고 본다.

■ 성선설(性善説)

인간의 성품, 곧 본성이 날 때부터 착하다는 이론으로, 전국시대
맹자(孟子)가 주장하였다. 맹자는 어린아이가 우물에 막 빠지려
고 할 때 누구든 그것을 보면 구해주려고 한다는 사례를 들어
인간의 성품이 착하다고 논증하였다. 이것을 좀더 확대하면 인
간의 이성적인 측면을 두고 한 말이다.

■ 성악설(性惡説)

인간이 날 때부터 악하게 태어났다는 이론으로 전국시대 순자(荀子)가 주장하였다. 순자는 현실적으로 경험할 수 있는 인간들은 서로 다투고 남보다 많이 가지려고 한다는 점에 착안을 두고, 성인(聖人)이 만든 예법으로 인간의 나쁜 행동을 바로잡아야 한다고 보았다.

■ 이성(理生: reason)

이성이란 철학적으로 인간이 판단을 잘할 수 있는 능력을 말한다. 가령 사물을 알려고 하거나 무엇을 결정하거나 행동을 할 때, 올바르게 판단해서 일을 잘 처리할 수 있는 능력이다. 그리고 이성적이란 바르게 판단할 수 있다는 뜻이다.

⊞ 관련된 학과 또는 주제

☞ 고전(『맹자』, 『순자』 등), 도덕(윤리), 과학(생물, 지구), 인류학, 종교의 가르침.

1. 인간의 성품은 선한가?

사람은 착하게 태어났을까요 아니면 나쁘게 태어났을까요? 달리 말하면 인간은 선한 존재일까요 아니면 악한 존재일까요? 또 다르게 말하면 인간의 성품은 선한가요 아니면 악한가요?

이 세상을 살펴보면 착한 사람도 있고 나쁜 사람도 있는 것 같습니다. 얼핏 보면 나쁜 사람이 더 많은 것 같습니다. 텔레비전이나 신문을 펼쳐보아도 착한 사람보다는 나쁜 사람에 관한 소식이 더 많기 때문입니다. 그러나 여러분의 주위를 한번 둘러보십시오. 여러분의 부모님, 친척, 친구, 선생님들 가운데서는 나쁜 사람보다 착한 사람이 더 많은가요 아니면 더 적은가요? 이 경우에는 아무래도 착한 사람이 더 많은 것 같습니다.

그럼 이 세상 사람들은 착한 사람과 나쁜 사람 두 종류만 있을까요? 여러분의 친구들을 살펴보세요. 나와 다툴 때는 친구가 나쁜 사람인 것 같기도 하지만, 나에게 잘해줄 때는 착한 사람 같기도 합니다. 어떤 때는 흉악한 죄를 지은 죄수가 나중에 뉘

우치고 착한 천사 같은 모습을 보이기도 합니다. 그렇다면 한 사람 속에 착한 본성과 나쁜 본성이 동시에 있을까요? 참으로 헷갈립니다. 그럼 사람은 천사와 악마의 중간적 존재인가요?

보통 중·고등학교 윤리 교과서를 보면 누구는 인간의 성품이 착하다는 '성선설(性善說)'을 주장하고, 누구는 인간의 성품이 악하다는 '성악설(性惡說)'을 주장했다고 소개하는데, 그런 사실을 아는 것이 중요한 것이 아니라, 우리가 살아가는 데 문제가 되기 때문에 중요한 것입니다. 그래서 이 문제는 대학교나 대학원에서도 다루고 있고 성인이 되어서도 항상 문제가 됩니다. 여러분들의 평생 동안의 삶 속에서 당당하게 살아가려면 여러분 자신을 어떻게 이해하느냐가 문제가 되기 때문입니다. 여러분이 종교인이라면 이 문제는 더 크게 다가오기도 합니다.

앞으로 연속되는 몇 편의 글을 통해서 이 문제를 집중적으로 살펴보고, 인간의 성품이 선한지 악한지 논지를 전개하고자 합니다. 물론 모든 자료를 제시하여 설명하고, 모범 답안 형식으로 주장하는 글을 작성해보도록 하겠습니다. 이 과정을 통해 자신과 세상을 올바르게 바라보고 바르게 판단하는 안목이 생길 것이라 확신합니다.

2. 상식도 의심해보자

    어떤 주제를 정해놓고 글을 쓰려고 할 때 자신이 알고 있는 상식만 가지고 다짜고짜 글을 쓰려는 사람이 있습니다. 그러나 상식이라는 것도 때로는 너무나 유치하고 엉터리 같은 것도 있다는 점을 명심하기 바랍니다. 배우는 사람의 태도로서, 상식도 한 번쯤 의심해보는 것이 매우 중요합니다.

    우리가 다루고자 하는 인간의 성품에 관해서도 쉽게 상식적으로 처리하려고 들면 어긋나기 일쑤입니다. 인간의 성품에 대한 여러 사상가들의 생각을 제대로 이해하지도 못한 경우도 많고, 종교적 가르침이나 자신의 신념을 가지고 쉽게 접근하려고 하기 때문이기도 합니다. 그리고 사회에 현상적으로 나타나는 착하고 나쁜 사람의 통계 수치만 보고 금방 주장을 펼친다면, 문제의 핵심에 접근하지도 못할뿐더러 논리의 독창성이나 내용의 합리성이 부족하게 됩니다.

    우선 '인간의 성품이 선한가?'에 대해 주장하는 글을 쓰려면 해결해야 할 문제가 참 많습니다. 글을 쓰기 전에 이러한 문제부터 숙고해보아야 합니다.

먼저 인간의 성품이 착한지 나쁜지, 아니면 착하지도 않고 나쁘지도 않은지 밝혀야 하는 이유가 무엇인지 밝혀야 합니다. 인간을 처음부터 악하게 보는 것과 나쁘게 보는 것의 차이점이 무엇인지 살펴보아야 한다는 것입니다. 다시 말해 주장에 대한 문제 의식을 분명히 해야 합니다.

다음으로 인간의 성품, 곧 본래의 성품이 어떤 것인지 밝혀야 합니다. 그래야 그것이 선한지 악한지 판단할 것이 아닙니까?

끝으로 선과 악은 원래 있는 것인지, 아니면 단지 인간만이 갖는 판단 양식인지 밝혀야 합니다. 만약 인간만이 갖는 판단 양식이라면 모든 사람이 똑같은지, 문화권마다 다른지도 살펴보아야 합니다.

독서량이 적고 지적 발달이 더딘 초등학생들에겐 다소 벅찬 주제이지만, 생각을 깊이 한다면 공부하는 데 큰 도움이 되는 주제입니다. 용기를 갖기 바랍니다. 다음 글에서는 문제 의식에 대하여 다루겠습니다.

3. 문제 의식을 갖자

어떤 문제가 실생활에 어떻게 관련되어 있고 어떤 중요성이 있는지 알아보는 것, 또 이 문제에 대한 해결 방법을 찾는 것은 논술 이전에 사람이 살아가기 위해 필요한 일입니다. 논술을 가지고 시험을 보는 이유도 학생들의 지적인 능력과 아울러 이런 문제 해결 능력을 평가하기 위한 것이라고 볼 때, 논술 주제를 실생활과 연관지어 해결해보려는 것은 매우 중요한 일입니다.

따라서 논술 문제에 대한 주장을 펼칠 때 그 주제에 대한 관심의 많고 적음에 따라 논술의 질이 달라집니다. 어떤 문제에 대한 관심이 많을 때 그에 대한 정보의 양이나 깊이가 달라지기 때문입니다. 이렇듯 어떤 문제에 대하여 관심을 갖거나 문제 사태에 참여하는 것을 문제 의식을 갖는다고 말합니다. 철학적 주제는 대개 이러한 문제 의식을 필요로 하고, 이러한 문제 의식을 가질 때 풍부한 논의를 할 수 있으며, 문제를 깊이 있게 이해할 수 있습니다. 지금 우리가 다루고자 하는 인간의 성품이 선한지 악한지가 왜 중요한지 살펴보는 것도 바로 이 때문입니다.

인간의 성품이 악하다고 주장하는 경우 범죄 현상이나 이기적인 인간의 모습을 잘 설명할 수 있습니다. 그리고 인간의 성품을 악하다고 규정한다면, 우리의 법과 제도가 인간을 억압하는 구조로 만들어져야 합니다. 다시 말해 인간의 본성이 악해서 사람들이 언제 나쁜 짓을 할지 모르므로 법과 경찰을 강화시켜 감시하고 막아야 합니다. 교육은 온통 해서 안 되는 일을 가르쳐야 하고, 종교는 인간이 금해야 할 것을 일러주고 죄를 짓지 않도록 해야 할 것입니다.

한편, 사람들은 자신들이 나쁜 짓을 하고도 원래 본성이 나쁜 것이므로 죄의식을 갖지 않을 것입니다. 이렇듯 인간의 성품을 나쁜 것으로 본다면, 사람들은 일생 동안 죄의식에서 벗어나지 못할 것이며 자신뿐만 아니라 남도 믿지 못할 것입니다. 그리하여 남을 사나운 짐승을 대하듯 언제나 경계하고 감시해야 하는 불행한 사회가 될 것입니다.

성악설은 세상에서 볼 수 있는 악한 행동을 그 증거로 제시하겠지만, 반대로 착한 사람의 경우에는 그 사람이 본래 악한 사람인데 왜 착한 행동을 할 수 있었는지에 대한 근거를 대기가 힘들어집니다.

따라서 인간의 성품이 악하다는 성악설은 인간을 억압하여 타율적인 존재로 만들므로 우리는 이를 주장하는 철학이나 종교 또는 사회 집단에 대해 무조건 믿고 따를 수 없는 것입니다.

그렇다면 성선설의 경우는 어떠할까요? 다음 글에서 살펴보기로 하겠습니다.

4. 당신은 원래부터 착한 사람인가?

앞의 글에서 주장을 펼치기 전에 문제 의식을 갖는 것이 중요하다고 말했습니다. 아울러 인간의 성품이 악하다는 '성악설'을 주장할 경우 어떤 문제가 생기는지도 알아보았습니다. 이 글에서는 인간의 성품이 선하다는 '성선설'을 주장할 때 생기는 문제의 장단점을 살펴보도록 하겠습니다.

인간의 성품이 악하다고 할 때는 인간을 마치 죄인 다루듯이 엄격한 규칙으로 억압하는 사회가 됩니다. 반면에 인간의 성품이 선하다고 할 때는 그 반대가 될까요? 인간은 내버려두어도 착한 사람이 되기 때문에 법과 규율이 필요 없을까요?

인간의 성품이 선하다고 하더라도 현실적으로 보면 나쁜 일을 하는 인간은 여전히 있고, 현대에 올수록 범죄자들이 더 많은 것처럼 보입니다. 차라리 성악설이 맞는 것처럼 보입니다. 인간의 성품이 착하다면 나쁜 사람이 없거나 적어야 합니다. 아니면 한때 잘못을 저지른 사람도 뉘우치고 새 사람이 되어야 하는데, 그렇지 않는 사람들도 많습니다.

이렇게 성선설의 경우는 현실적으로 생기는 범죄나 악에 대하여 또 다른 설명을 필요로 합니다. 원래부터 선한 인간이 어떻게 나쁘게 될 수 있는가에 대한 설명 말입니다. 물론 성악설의 경우도 인간이 어떻게 해서 착하게 될 수 있는가에 대한 설명이 필요합니다. 인간은 원래부터 악하다고 하니까요.

성선설은 인간이 착하게 될 수 있는 가능성의 입장에서 말하는 경우가 많습니다. 그래서 야단을 치거나 벌을 주지 않고, 인간성을 믿고 칭찬이나 격려를 통하여 좋은 쪽으로 인간을 길러주는 장점이 있습니다. 그러나 역사적으로 볼 때 성선설을 주장하는 사회에서도 범죄는 끊이지 않았고, 결국은 아무나 되기가 힘든 성인(聖人)을 설정하여 노력을 통하여 닮아가려고 했습니다. 여전히 인간을 억압하는 제도나 법은 존재한 채 말입니다.

따라서 우리는 성선설이든 성악설이든, 평등을 가장한 불평등을 합리화시킨 이론이라고 비판할 수 있습니다. 누구나 선하거나 악하게 태어났지만, 현실적으로 선하게 보이는 지배 계층의 도덕적 우위성을 도와주는 이론에 불과한 것입니다. 교육받지 못한 민중이나 오랑캐나 이교도들은 사악하지만, 신의 은총을 받았거나 성인의 교화를 받은 집단은 선하다고 말입니다.

5. 당신은 천사인가 악마인가?

앞의 두 글에서는 인간의 성품을 선하거나 악하게 보았을 때 생기는 문제에 대해 알아보았습니다. 어떤 주제로 글을 쓰든 항상 문제 의식을 갖고 써야 한다는 것도 말했습니다. 왜 그 주제가 우리가 살아가는 데 중요하고 절실한 문제인가를 따져보는 생각이나 태도를 문제 의식이라고도 말했습니다.

자, 이번에는 인간의 성품이 선하거나 악하다고 할 때, 그 성품이란 어떤 것인가를 알아볼 차례입니다. 사람의 성품을 다른 말로 본성이라고도 부릅니다.

우리는 흔히 성격이나 성질이라는 말을 많이 듣습니다. "애는 성격이 좋다"든지 "아무개는 성질이 사나워" 등으로 표현하기도 합니다. 모두 사람의 마음과 관계가 있습니다. 성품이나 본성 또한 인간의 마음과 관계가 있습니다.

그런데 정작 사람의 마음을 놓고 볼 때 하나의 마음만 있는 것은 아닙니다. 좋은 쪽도 있고 나쁜 쪽도 있습니다. 어린아이가 위험에 처한 것을 보면 얼른 구해주려는 착한 마음이 생깁니다. 반면에 평소에 자신과 사이가 나빴던 사람이 잘 되는 것을 보면 배 아프게 시기하는 마음도 생깁니다. 크든 작든 그런 마음을 누구나 갖고 있습니다. 예전에 맹자는 착한 쪽만 보고 사람의 성품이 착하다고 보았습니다. 그와 반대로 순자는 나쁜 쪽만 보고 사람의 성품이 악하다고 보았습니다. 그래서 서양 사람 가운데는 사람을 천사와 악마의 중간쯤으로 보기도 했습니다.

사람은 몸이 있는 생물이기 때문에 배고프면 먹고, 피곤하면 잠자고, 성년이 되면 이성(異性)을 그리워하는 마음이 생깁니다. 이런 것이 지나치면 서로 싸우고 헐뜯는 악한 모습을 드러내겠지요. 반면에 불쌍한 사람을 도와주고 싶고, 친구를 사귀며 질서를 지키고 양보하는, 인간의 사회 생활과 관계된 마음도 있습니다. 이것을 더 길러 넓히면 이른바 성인(聖人)이 됩니다.

이렇게 두 가지 측면이 있는 것은 인간에게 생물적인 본성이 있는가 하면 이성적인 본성이 있기 때문입니다. 그러나 생물적 본성에 비해 이성적 본성은 가능성으로만 있기 때문에 적절한 교육이 없다면 착한 사람보다 나쁜 사람이 더 많아 보이는 것입니다.

따라서 인간이 양극단으로 치닫게 된다면 한쪽은 천사가 될 수도 있고 다른 쪽은 악마가 될 수도 있습니다. 이렇게 보았을 때 과연 인간을 통틀어 선하다 악하다 말할 수 있을까요?

6. 선과 악은 누가 판단하나?

앞의 글에서 인간의 성품에는 악하게 볼 수 있는 점과 선하게 볼 수 있는 점이 섞여 있다고 말했습니다. 역사적으로 볼 때 이러한 인간의 성품에 대해서 사상가들은 그 어느 한쪽 면만 보고 선하다거나 악하다고 주장하기도 했습니다. 또 어떤 사상가는 선하지도 악하지도 않다고 말하기도 했습니다.

그런데 어떤 것을 두고 선하다 또는 악하다고 할 때, 그렇게 보는 것이 정당한지 살펴보아야 합니다. 선과 악에 대한 정당한 기준이 있을까요? 우리가 인간의 성품이 악하다 또는 선하다고 할 때 정말 인간이 태어날 때부터 선하거나 악하게 정해져 있어서 그럴까요?

이렇게 한 번 생각해봅시다. 가령 사람이 이 지구상에 살기 훨씬 이전의 공룡들이 살 때 사람의 성품이 선하다 악하다 말할 수 있었을까요? 당연히 말할 수 없었겠지요. 사람이 살지 않았기 때문입니다. 아니면 인간이 이 세상에 생기고 나서 아직 언어나 문자나 도구를 사용할 수 없는 원시 상태에 있었을 때, 인간의 성품이 악한지 나쁜지 말할 수 있었을까요? 아직 초보적인 사고도 할 수 없었던 시기에는 선악에 대한 생각(개념)조차도 없었을 것입니다.

결국 선악에 대한 판단은 인간이 하는 것이고, 그것도 인간이 생각할 수 있는 능력이 생겼을 때 비로소 가능한 것이 아닐까요? 따라서 선과 악은 인간이 있어야 판단하는 것이므로, 인간이 있기 전부터 정해져 있다고 말할 수 없습니다.

이렇게 보면 인간의 성품이 선한가 악한가 하는 것도 원래부터 정해져 있는 것이 아니라 인간 스스로 그렇게 판단하는 것입니다. 인간 스스로 그렇게 판단한다는 것은 절대적인 기준이 정해져 있는 것이 아니라, 인간을 바라보는 관점에 따라 악하게도 보고 선하게도 본다는 것입니다.

7. 통합적 사고

이제 우리는 '인간의 성품은 선한가?'에 대한 논술을 작성하기 위한 마지막 단계로서 개요를 작성할 순서에 도착했습니다.

언제나 그렇듯이 어떤 문제를 대할 때 한 부분에 집착하지 말고 전체를 보면서 통합적으로 해결하려고 노력해야 합니다.

통합적 사고란 자신이 알고 있는 여러 분야의 지식을 총동원하여 문제 해결에 집중시키는 것을 말합니다. 가령 앞의 주제로 문제를 통합적으로 다룰 때 철학적 지식은 물론 지구과학적, 종교적, 역사적, 생물학적, 인류학적, 사회적 지식 등이 요구됩니다. 따라서 독서가 매우 중요하며, 그것도 다양한 분야의 책을 읽어야 가능한 것입니다. 논술이 단순한 글쓰기 기술로써 해결될 수 없다는 점도 바로 이것 때문입니다.

◉ 문제 제기
— 인간의 본성을 선하거나 악한 것으로 보았을 때 생기는 문제

— 역사에서 인간 본성에 대한 비합리적인 사례
— 과학적이고 합리적인 삶의 필요성

⊡ 주 장
— 인간은 선하지도 악하지도 않다.

▼ 근거 제시
— 인간이 존재하지 않았을 때는 인간의 성품을 선악으로 규정
  할 수 없다.
— 인간의 사고는 발달하는 것이고, 판단의 문제는 사고의 산물
  이다.
— 선과 악은 물질처럼 존재하는 것이 아니라 인간의 판단 문제다.

⚠ 끝맺음
— 인간 본성의 바른 이해
— 합리적이고 주체적인 선악 판단

이 개요를 바탕으로 주장하는 글을 작성해보기 바랍니다. 다음 글에서는 모범 답안을 작성해보겠습니다.

8. 나의 본성을 제대로 이해하자

　　인류 역사를 보면 예로부터 학문이나 종교에서 인간 본성에 대한 탐구를 해왔다. 그러나 이러한 탐구는 인간의 본성이 어떤 것이냐에 대한 종합적인 이해 없이 인간의 한 측면만 보고 그것을 본성이라 여겨왔다. 그래서 성선설이니 성악설 같은 학설이 생긴 한편, 인간은 원죄를 지녀서 구원받을 수밖에 없는 존재이거나 선과 악이 뒤범벅된 것으로 이해되어 왔다.

　　이러한 이해는 결국 정치나 종교의 필요에 의해 생기기도 했고, 어떤 경우는 그런 이해를 종교나 정치에서 이용하기도 했다. 그래서 법이나 사회 제도를 가지고 인간 행동을 규제하고 통제하였으며, 인간이 지배층을 스스로 순종하고 따르게 하는 사상으로 이용되었다.

　　오늘날도 여전히 이런 사상들이 영향을 미치고 있으며 인간의 자유로운 행동이나 생각이 스스로 억압을 당하고 있는 것도 사실이다. 인간 본성에 대한 선악 관념을 분명히 알고 극복함으로써 더 자유롭고 주체적인 삶을 살 수 있을 것이다.

　　그래서 우리는 비록 역사에서 비주류의 사상이었지만, 인간의 본성이 선하지도 악하지도 않다는 생각에 주목할 필요가 있다. 그런데 여기서 우선 생각해야 할 것은, 생물적인 인간의 본능만이 아니라, 인간이 보편적으로 교육받고 학습한 후천적인 행동 양식 또한 본성으로 생각해야 한다는 점이다.

그럼 어째서 인간의 본성은 선하지도 악하지도 않은가?

우선 진화론적 관점에 볼 때 인간이 이 세상에 태어나기 전에는 인간의 본성이 선하다 악하다 말할 수 없다는 점을 지적하지 않을 수 없다. 이것은 어떤 물건이 없는데, 그 물건이 이렇게 저렇게 생겼다고 말할 수 없는 것과 같다. 그러나 어떤 철학자나 신학자들은 인간을 포함한 영원불변한 사물의 본성이 있다고 하는데, 이러한 관점에서 보면 있을 수 없는 일이다.

다음으로 동물 상태에서 갓 진화한 인간은 선이니 악이니 하는 생각이 없었다. 겨우 '이롭다', '해롭다', '좋다', '나쁘다'는 생각을 어렴풋이 지녔을지 모른다. 이러한 사실은 동물 연구에서 확인할 수 있다. 선과 악은 노동이나 체험을 통하여 인간의 사고가 발달한 이후 '좋다'와 '나쁘다'가 명사로 바뀌면서 생겨난 말이다. 어렵게 말하면 형용사가 추상명사로 바뀌면서 생긴 관념(생각)이라는 것이다.

더욱이 선과 악은 우리가 지금 눈앞에서 보는 돌이나 나무처럼 인간과 상관없이 독립하여 스스로 있는 물건과 다르다. 선과 악을 말할 때는 그것을 그렇게 생각하는 하느님이나 인간이 반드시 있어야 한다. 다시 말해 선악을 판단하는 인격체를 전제로 한다.

그렇다면 선과 악은 인격체를 떠나서 생각해볼 수 없다. 결국 선악은 사물과 인격체의 상호 관계 속에서 생기는 관념이다. 쉽게 말해, 누군가 어떤 사물을 보고 선하거나 악하다고 판단해야 선악이 성립한다는 말이다. 따라서 인간 본성에 대한 선악은 인간의 판단을 떠나 존재할 수 없다. 신이 있어 그것을 판단한다고 할 때도 인격이 있다고 전제하기 때문이다.

이렇듯 인간 본성은 원래부터 선악으로 정해져 있는 것이 아니라 인간이 그렇게 바라볼 뿐이다. 그렇게 바라볼 때도 과학적이고 합리적인 근거가 없다. 따라서 우리는 인간 본성을 올바르게 이해하여 그러한 규정으로부터 자유로워야 하며 책임감 있고 주체적으로 살아야 한다.

9. 주장에 대한 근거 제시의 관점

앞의 글에서는, '인간의 본성은 선한가?'에 대한 답변으로서 '나의 본성을 제대로 이해하자'는 주장으로 글을 작성해보았습니다.

먼저 선악에 대한 인간의 여러 종류의 판단을 소개하고 오늘날도 그러한 판단이 중요함을 역설했습니다. 그리고 선악이 원래부터 존재한 것이 아니고 그러한 선악 판단이 인간의 몫이라는 점을 진화론이나 지구과학 등의 과학 지식을 통하여 근거로 제시했습니다. 그래서 인간은 자신의 행동에 책임감을 가지고 자유로우면서도 주체적으로 살아야 한다고 결론을 맺었습니다.

이 같은 주장에 대한 근거를 제시하는 데에는 몇 가지 공통된 원칙이 있습니다.

첫째, 종교에서 말하는 관점은 근거가 되기 어렵습니다. 종교적인 관점은 대개 신의 뜻이기 때문에 그것에 대하여 의심을 품거나 따져보는 것을 허락지 않습니다. 결국 믿고 따르는 일만 남습니다. 그러므로 종교적 관점을 근거로 내세울 경우에는 논증, 곧 증명을 필요로 합니다. 증명되지 않는 종교적 신념을 근거로 내세우면 논술에서 설득력이 떨어집니다.

둘째, 관습이나 풍습에서 근거를 찾아서도 곤란합니다. 관습은 이전부터 전해져온 것이지만, 시대에 따라 변하기 때문에 반드시 옳다고 말할 수는 없습니다. 또 관습은 시대뿐만 아니라 지역에 따라 다를 수도 있기 때문입니다. 보편성이 부족한 관점은 근거로 불충분합니다.

셋째, 학설이라 하더라도 그것이 고대 학설인 경우에는 근거가 미약한 경우가 많아서 근거로 채택하기 어렵습니다. 그것은 시대에 따라 우리가 아는 정보의 질과 양에 견주어 현격하게 다를 수 있기 때문입니다.

넷째, 주장에 대한 설득력이 있으려면 근거가 과학적이고 합리적이어야 합니다. 합리적인 근거는 믿음이나 신앙, 관습이 아닌 인간의 정신력, 다른 말로 말하면 이성에 의지하는 관점입니다. 이성적 관점을 가지려면 과학적인 지식이나 논리에 익숙해야 합니다.

제5장
넓게 아는 것과 깊게 아는 것 중
어느 것이 더 중요한가?

A : 모든 과목을 다 잘해서 많이 알아야 좋은 점수를 얻을 수 있어.

B : 과목이 많은 것이 짜증나. 한두 과목만 열심히 공부하면 안 되나?

> ⓠ 우리가 무엇을 안다고 할 때 과연 제대로 알고 있을까요? 아니 '안다'는 것이 무엇을 의미하는지 생각해본 적이 있습니까? 그리고 무엇을 알게 될 때 어떤 과정을 거치게 될까요? '안다'는 작용은 발전하는 것일까요? 아는 것에도 질적인 차이가 있을까요?
> 학교 교육은 깊게 아는 것보다 넓게 아는 것을 요구하는 것 같습니다. 반면에 어떤 분야의 전문가들은 좁고 깊게 아는 것 같아 세상 물정에 어두운 것 같습니다. 어느 것이 과연 바람직한가요? 여러분들은 어느 쪽을 선호합니까? 넓게 아는 쪽인가요 아니면 깊게 아는 쪽인가요? 알맞은 근거를 들어 각자의 생각을 말해보세요.

▼ 키워드 해설

■ 감각 기관(感覺器官)
앞에 나옴.

■ 경험(經驗 : experience)
앞에 나옴.

■ 관계(關係 : relation)
앞에 나옴.

■ 보편성(普遍性 : universality)
여러 사물에 공통적으로 들어 있는 속성이나 특징 또는 법칙을
말하며, 상대되는 말은 '특수성(特殊性)'이다.

■ 본질(本質 : essence)
본래부터 갖고 있는 사물의 바탕으로, 밖으로 드러나는 사물의
이면에 있는 법칙이나 원인, 성질 등을 종합하여 이르는 말이며,
상대되는 말은 '현상(現象)'이다.

■ 인식(認識 : cognition)
주어진 대상(사물)을 받아들이고 그것을 설명하거나 이해하려
는 행위를 말한다. 곧 사물을 분명히 분별하고 판단하여 아는
일 또는 그 작용을 뜻하며, 그 내용에는 지각, 기억, 내성(內省)
등이 있다.

■ 진리(眞理 : truth)

참된 이치 또는 참된 도리로 설명되는 말로, 보는 각도에 따라 그 기준을 다양하게 설명한다. 인식론적으로 말하면 인식된 내용이 '참'을 이룰 때인데, 곧 인식한 내용이 그 대상과 일치할 때 진리다.

⊞ 관련된 학과 또는 주제

☞ 경험, 과학(물리, 생물), 심리학, 철학(인식론).

1. 넓게 아는 것과 깊게 아는 것

알면 아는 것이지, 넓게 아는 것은 무엇이고 깊게 아는 것은 무엇일까요?

사실, 여러분은 이런 고민을 해왔습니다. 곧, 학교에서 공부할 때 과목이 많아서 불평한 적이 있지요? 한두 과목만 공부해서 시험을 보면 좋을 텐데, 그 많은 과목을 공부하려니까 힘도 들도 시간도 많이 걸려서 말입니다. 그래서 모든 과목을 다 잘하려고 낑낑대는 친구들도 있고, 한두 과목만 열심히 해서 그 분야만 앞장서보려는 친구들도 있습니다.

자, 여기서 모든 과목을 다 잘하려는 것을 일종의 넓게 알려고 하는 것이라 말할 수 있고, 한두 과목만 더 잘하려고 하는 것을 깊게 알려고 하는 것이라 말할 수 있습니다.

두 사람의 경우를 예로 들어보겠습니다. 먼저 A라는 사람은 평생 동안 농사만 지었습니다. 그것도 과수원에서 사과만 재배하였습니다. 그래서 사과의 품종과 맛 그리고 사과나무 가꾸기,

가지치기, 사과나무가 좋아하는 토양, 병충해 예방, 거름주기, 사과의 저장 등에 대해서 잘 압니다. 게다가 사과 속에 들어 있는 영양소, 그것이 우리 몸에 주는 이로움, 또 사과 시장의 가격과 세계의 사과 생산지 등 사과에 대해서는 모르는 것이 없습니다. 적어도 이 사람은, 사과에 관해서는 깊게 아는 분이라고 말할 수 있습니다.

반면에 B라는 사람은 여행가입니다. 세계 여러 곳에 안 가본 곳이 거의 없습니다. 그래서 보고 들은 것이 참으로 많습니다. 세계 여러 곳의 자연의 모습, 원주민들의 생활 풍습 그리고 유적과 박물관 유물들, 날씨와 기후, 또 무엇보다 보고 느낀 생생한 체험담이 듣는 사람들의 귀를 즐겁게 해줍니다. 이 사람은 여행담을 책으로 엮어서 출판하여 먹고 삽니다. 많이 아는 덕분이지요.

자, 이제 여러분들이 선택해서 판단할 문제가 남았습니다. 이렇게 깊게 아는 것과 넓게 아는 것이 우리들의 생활 향상, 곧 역사의 발전이라는 측면에서 볼 때 어느 것이 더 중요할까요?

이 판단은 매우 중요합니다. 우리가 이 세상에 태어나 의미 있게 살려면 어떻게 살아야 하는가 하는 점과 관계가 있고, 역사의 발전에 이바지하는 사람이야말로 참으로 보람된 삶을 산다고 말할 수 있기 때문입니다.

그런데 우리 인류의 역사는 사물에 대하여 아는 정도에 따라 발전해왔다고 할 수 있습니다. 인간이 자연에 대하여 무지할 때는 두려움과 온갖 미신 속에서 살아왔습니다. 그러다가 점차 아는 것이 생기고 자연을 이용하게 되면서 문명이라는 것이 싹트게 되고 역사도 진보하기 시작하였습니다.

점차 아는 것이 더 많아지고 그 많아진 정보를 기록하거나 전달할 수 있는 언어나 문자가 생긴 후부터는 문명이 급속도로 발전합니다. 게다가 자연을 신화적 세계에서 벗어나 자연 그대로 보는 안목과 학문적 방법을 터득하면서 더욱 발전하여 오늘날에 이르게 된 것입니다.

그러니까 사물에 대해서 질적인 인식, 곧 아는 것의 발전이 인류의 역사 발전을 가져온 것이고, 앞으로의 역사도 그것에 따라 진보할 것입니다. 그렇기 때문에 여러분이 넓게 아는 것과 깊게 아는 것을 선택하는 문제가 바로 삶과 관계됩니다.

2. 안다는 것은 무엇인가?

도대체 안다는 것은 무엇일까요?

자, 여기에 한 개의 사과가 내 앞에 있다고 합시다. 여러분은 사과를 압니까? 그렇다고 대답하겠죠. 사과란 과일의 한 종류이고 씹으면 달콤하거나 새콤한 물이 나오고 붉은색이나 초록색과 붉은 색이 섞인 껍질을 가진 과일이라고 말할 것입니다. 그리고는 영양분이 많이 들어서 건강에 좋다고 덧붙일 테지요.

그럼 이것으로 사과를 다 알았다고 할 수 있습니까?

아마도 이 물음에 대해서는 자신 있게 대답하지 못할 것입니다. 사과에 대해서 알아야 할 내용이 너무나 많기 때문입니다. 사과의 품종, 사과 속에 든 영양소의 종류와 그것이 우리 몸 안에서 하는 일, 사과나무를 잘 키우는 방법, 사과나무가 좋아하는 토양과 기후, 사과의 역사 등 수많은 관련 지식이 있습니다.

그렇더라도 여전히 안다는 것이 무엇인지 해결되지는 않았습니다. 만약 사과에 대해서 알려주는 각종 정보가 정확하지 않다면, 우리는 그것을 제대로 안다고 말할 수 없습니다. 정보 가운데 거짓이 있다면, 우리가 안다고 하더라도 실은 모르고 있는 것입니다.

그렇다면 안다는 것은 무엇일까요?

여기서 '안다는 것'은 '무엇을 안다'고 할 때 '무엇에' 해당하는 것이 아니라, '안다'는 것이 무엇을 뜻하는지 묻는 것입니다. 결코 쉽게 대답이 나오지 않을 것입니다.

안다는 것은 쉽게 말해서 우리가 기억하고 있거나 이해하고 있다고 느끼는 내용이 우리 몸 밖의 실제 사물과 일치하는 것을 말합니다. 물론 아는 것 가운데는 여기에 해당되지 않는 것도 있습니다. 밖의 사물 없이도 우리의 마음속에서 '참'이라고 인정되는 명제를 추론할 수 있기 때문입니다.

어쨌든 많은 지식들은 외부 사물에서 온 것이고, 그것들이 '참'이라고 증명된 것을 기억하거나 이해할 때 우리는 안다고 말할 수 있습니다. 반면에 피상적으로 아는 것 가운데는 실제 사실과 다르게 알 수도 있고, 사실은 오해하고 있으면서 안다고 말하기까지 합니다.

그러니까 안다는 것은 정확하게 아는 것이고, 진리를 아는 것입니다. 진리(眞理)란 한자말 그대로 참된 이치입니다. 많은 사람들은 그것도 모른 채 안다고 여기는 경우가 있는데 참으로 안타까운 일이고, 언젠가는 그 잘못 알고 있는 지식 때문에 낭패를 보는 날이 꼭 옵니다. 그래서 자신이 알고 있는 것이 '참'인지 확인해보는 것은 참으로 중요한 일입니다.

3. 어떻게 알게 되나?

앞의 글에서 안다는 것은 일차적으로 내가 기억하고 있거나 알고 있는 것이 실제로 있는 사물과 일치하는 것이라고 했습니다. 그리고 내가 기억하거나 이해하고 있는 것이 밖의 사물 없이도, 내 스스로 그것들이 '참'이라고 논리적으로 증명할 수 있을 때 우리는 안다고 말할 수 있습니다. 가령 'A=B이고 B=C면 A=C다'와 같은 것이 여기에 해당됩니다.

그렇다면 우리는 어떻게 알게 될까요? 여러분은 이미 어릴 때부터 많이 들었던 말이 있습니다. 공부 시간에 선생님으로부터 "잘 봐" 또는 "잘 들어" 하는 말이 그것들입니다. 알려면 잘 보고 잘 들어야 합니다. 그러니까 뭐죠? 네, 우리는 잘 보고 잘 들음으로써 우리의 감각 기관인 눈, 코, 입, 귀, 피부를 통하여 밖에 있는 사물의 정보가 우리의 뇌 속에 들어와 저장되는 것입니다.

이렇게 바깥 사물의 각종 성질이나 특징이 감각 기관을 통하여 우리 뇌 속에 기억되는 것을 '경험'이라 부르고 좀더 자세히 말하면 감각적 경험이라 합니다. 영국의 경험론자인 로크 같은 사람은 인간의 뇌를 '백지(白紙)'에 비유합니다. 백지에 그림을 그리듯이 외부 사물의 상(象)이 기억되는 것을 말하지요.

그러나 우리가 알고 있는 모든 지식들이 이런 감각적 경험에 의해서만 들어오는 것은 아닙니다. 곧, 사물의 이치나 법칙은 직접적인 감각에서 벗어나 있습니다. 가령 뉴턴의 만유인력의 법칙은 눈에 보이지 않습니다. 뉴턴 이전에도 사과가 떨어지는 것을 보았을 것이고, 눈이나 비가 오는 것도 많이 보았습니다. 그러나 아무도 그 법칙을 알 수 없었습니다. 곧, 만유인력의 현상은 눈으로 볼 수 있지만 법칙은 눈에 보이지 않습니다. 그러나 우리는 그것을 눈으로 보지 않고도 압니다. 바로 그 이론의 설명을 눈으로 보고 귀로 들어서 말입니다. 그럼에도 불구하고 그 이론은 눈에 보이거나 귀에 들리는 것이 아닙니다.

그러니까 감각적 경험이란 앎의 출발이 되고 아는 데 보조적 작용을 하고 있지만, 그 자체가 모든 인식을 결정하는 것은 아니라는 것입니다. 좀 어렵습니까?

어쨌든 우리는 앎의 출발이 감각적 경험에서 시작한다는 것을 잊어서는 안 됩니다. 이것을 다른 말로 우리는 인식의 기원이 경험에 있다고 말합니다. 우리의 감각 기관은 우리 몸에서 건물의 창문과 같아서 이것이 없으면 우리는 아무것도 알 수 없습니다. 육체적 장애를 가진 사람, 그것도 중복 장애를 가진 사람이 정상인보다 아는 데 왜 힘이 많이 드는지 그 이유를 이제야 알겠지요?

4. 넓게 아는 것

앞의 글에서 여행을 넓게 아는 것의 예로 들었습니다. 물론 모든 여행이 다 그런 것은 아닙니다만, 주마간산(走馬看山) 격으로 보는 대다수의 여행을 염두에 두고 한 말입니다. 이러한 여행이야말로 감각적 경험이 대부분이고, 넓게 알 수 있는 가장 보편적 방법입니다.

특별한 목적이나 의도 없이 경험되는 것들은 우리 뇌 속에 단순 기억으로 저장되며 경험들 사이에 공통점이나 관계를 성립시키지 못합니다. 그리고 단순 기억의 양이 아무리 많다 하더라도 그 기억들을 조직하거나 분석, 종합하는 정신 기능이 없으면 인식의 발전에 아무런 변화를 주지 못합니다. 예컨대 어린아이는 온갖 잡다한 것을 잘 기억합니다. 자기 반 아이들의 이름을 출석 번호 순서대로 왼다든지, 각 나라와 수도를 잘 연결시킨다거나 운동 선수와 연예인의 신변잡기, 게임 주인공에 대하여 훤히 아는 것 따위가 그것인데, 아무리 이러한 내용을 많이 알고 있다고 해도 우리는 그 어린아이가 그 수준을 벗어나 성인처럼 안다고 생각하지는 않습니다. 왜냐하면 그러한 지식 자체는 아이로 하여금 아무런 변화를 일으키게 할 만한 기반이 되지 못하기 때문입니다.

어린아이의 경우를 비유로 들었지만, 대다수 무의미하게 살아가는 성인들에게서도 이러한 현상은 나타납니다. 비록 잡다하게 많이 알고는 있지만, 그것들끼리의 본질적인 관계나 법칙을 모르기 때문에 그것으로써 자신들의 삶을 개선시켜나갈 방법을 찾지는 못합니다. 자신들의 삶의 문제도 제대로 이해하거나 해결하지도 못하기 때문에 역사나 사회의 진보에 대하여 보탬이 되는 행동을 기대할 수는 더더욱 없습니다.

이러한 잡다한 기억들도 일종의 넓게 아는 것입니다만, 만약 어린아이가 정상적으로 자라고 좋은 교육을 받게 되면, 나중에 자라서 이런 기억을 더듬어 나름대로 그것을 조직하고 의미 있는 지식을 산출할 수 있습니다. 성인이 되어서도 이렇게 못하는 사람들은 몸에 큰 장애가 있거나 아니면 적절한 교육을 받지 못했기 때문입니다. 우리는 이러한 정신 기능을 사고력(思考力)이라 부릅니다. 이렇듯 사고력이 풍부한 사람은 인식의 지평을 넓힐 수 있고, 자신의 삶이나 더 나아가 사회의 여건을 개선해나갈 수 있습니다.

5. 깊게 아는 것

어떤 사물에 대해서 많은 기억으로, 아니면 남보다 더 자세하게 알기 때문에 그 사물을 깊이 안다고 말할 수 있을까요?

가령 '어머니'를 안다는 문제를 생각해봅시다. 나의 어머니를 다른 사람보다 내가 더 깊이 안다고 말할 수 있을까요? 어린아이는 엄마의 음성이나 체취 그리고 모양을 기억하고 아는 것으로 여깁니다. 그러나 좀더 자라면 어머니와의 관계 속에서 알게 된 것, 가령 어머니의 출신과 가족 관계, 성격 등을 가지고 남보다 많이 안다고 여길 것입니다.

그러나 어머니에 대한 이런 직접적인 경험은 사고 작용의 도움 없이는 새롭게 전진할 수 없습니다. 사고력이 싹트면서 사람이 더 자라게 되면 자기 어머니뿐만 아니라 남의 어머니도 경험하게 되고, 역사적으로 유명한 어머니와도 비교함으로써 어머니에 대한 공통적인 지식을 찾게 될 것입니다. 이렇게 되면 어머니에 대한 보편적 관념(또는 개념)을 형성하게 되며, 자신의 어머니가 여기에 부합하지 못했을 때 어머니에 대한 섭섭함을 드러내거나 아니면 나쁜 어머니라고 평가할 것이고, 여기에 부합하면 어머니의 은혜에 감사할 것입니다.

그러니까 사고력에 의한 인식의 깊이 없이는 어머니에 대한 피상적이고 개인적인 경험 차원에 머물고 맙니다. 이 경우에는 어머니 자신도 어머니에 대하여 잘 모르는 것이 대부분입니다.

사고력을 통하여 어떤 사물을 깊게 안다는 것은 그 사물의 보편성을 아는 것입니다. 그 보편성이란 그 사물의 속성이나 법칙을 말하는 것인데, 속성이나 법칙은 그 사물이 다른 사물과 관계를 맺는 방식입니다. 가령 '열의 전달'이라는 현상을 살펴봅시다. 구리 막대가 쇠막대보다 더 잘 전달되고, 쇠막대는 유리 막대나 나무 막대보다 더 잘 전달됩니다. 이처럼 열이 쇠(막대)나 구리(막대) 등과 관계를 맺음으로써 자신의 속성을 드러내는 것과 같습니다.

따라서 깊게 아는 것이란 사물의 본질(핵심)을 아는 것입니다. 가령 전염병이란 본질적으로 병균이 옮기는 것이지 귀신의 장난이 아니기 때문에 위생적인 생활과 방역을 철저히 하면 예방되는 것과 같습니다. 이전에는 역병이라 하여 전염병이 돌면 무당을 불러 굿을 하는 풍습이 있었습니다.

또 깊게 아는 것이란 많이 아는 것과도 통합니다. 깊게 알려면 다른 사물과 관계된 것을 알아야 하기 때문입니다. 가령 농사짓는 예를 들어봅시다. 우선 농작물을 잘 자라게 하려면 생물학을 알아야 합니다. 생물학만 관계되는 것은 아닙니다. 흙이나 비료를 사용하니까 토양과 화학에 대해서도 알아야 합니다. 어디 그뿐이겠어요? 생산된 농작물을 제대로 판매하기 위해서는 농산물의 가격 변동이나 경쟁 농산물의 재배 현황, 판매 전략, 운송 방법 등 많은 지식이 요구됩니다.

어찌 농사짓는 일만 그러하겠습니까? 모든 분야가 다 그렇습니다. 이렇듯 한 분야의 전문가가 되기 위해서는 많은 주변 지식이 요구됩니다. 그러니까 깊이 아는 것은 결국 넓게 아는 것이 되기도 합니다.

이렇게 깊이 아는 것은 사물의 본질과 핵심에 대해서 아느니만큼 그것이 개인적인 문제일 때는 개인의 성공과 실패에 영향을 주겠지만, 국가나 사회 더 나아가서는 인류의 문제일 때는 그 영향이 적다고 할 수 없을 것입니다.

6. 깊게 아는 것의 중요성

우리는 이제까지 아는 것이 무엇인지, 어떻게 아는지, 또 넓게 아는 것이 어떤 것인지, 그리고 깊게 아는 것은 어떤 것인지 알아보았습니다.

자, 이 글의 맨 처음으로 돌아가 '넓게 아는 것과 깊게 아는 것 가운데 어느 것이 더 중요한가?'라는 질문에 답할 때가 되었습니다.

필자는 '깊게 아는 것이 더 중요하다'는 주장으로 논술의 개요를 작성할까 합니다. 물론 '넓게 아는 것이 더 중요하다'는 주장도 가능합니다. 어느 쪽이든 여러분 스스로 개요를 작성해보기 바랍니다.

✋ 문제 제기
— 아는 것이 힘
— 아는 것에 대한 반성

— 인식의 중요성

＊주 장
— 깊게 아는 것이 더 중요하다.

▼근거 제시
— 사물의 본질을 아는 것이 중요하다.
— 깊이 아는 것이 문제 해결의 열쇠가 된다.
— 깊이 아는 것도 넓게 아는 것이다.

⚠끝맺음
— 인식의 진보에 따라 문명의 진보
— 질 높은 인식이 중요하다.
— 깊이 아는 것이야 말로 동시에 넓게 아는 것이다.

　자기 스스로 개요를 작성하기 힘든 학생은, 이 개요를 보고 앞에 설명한 내용을 거듭 이해하여 논술을 작성해보기 바랍니다. 읽기만 하고 스스로 해보지 않은 사람은 결코 진보를 기대할 수 없습니다.

7. 넓게 아는 것보다 깊게 아는 것이 더 중요하다

우리는 일상적으로 아는 문제를 너무나 당연시하여 소홀히 해왔다. 내 자신이 얼마나 아는지 또는 얼마나 정확하게 아는지 그리고 얼마나 깊이 알고 있는지 아무런 반성 없이 생활한다. 소크라테스의 "너 자신(의 무지함)을 알라"는 것과 공자의 "아는 것을 안다고 하고 모르는 것을 모른다고 하는 것이 참으로 아는 것이다"와 베이컨이 "아는 것이 힘이다"가 말해주듯, 앎에 대한 문제는 우리 생활에서 차지하는 비중이 매우 큰데 말이다.

이렇듯 사물에 대해서 안다는 것에 대하여 '무엇을', '어떻게' 아는지 따져보는 것은 매우 중요하다. 그런데 사람들은 무작정 많이 보고 많이 배워서 많이 아는 것을 좋아한다. 특히 경쟁이라는 열풍 아래 학생들이나 학부모들은 온갖 교육 기관이나 학원에 다니기만 하면 그런 앎의 문제를 해결해줄 것이라 믿고 열심히 다닌다.

그러나 우리에게 정작 필요한 것은 무작정 넓게 많이 아는 것이 아니다. 깊게 아는 것이 더 중요하다. 깊게 안다는 것은 우리의 사고력과 관계가 있고 그것은 학생의 노력과 질 높은 교육이 좌우한다.

그럼 왜 깊게 아는 것이 더 중요한가?

첫째, 깊이 아는 것은 사물의 본질적 관계를 아는 것이다, 이 세상의 어떠한 사물도 다른 사물과 관계를 맺지 않은 것이 없으며, 그 사물들 사이의 관계가 바로 법칙이나 속성을 구성한다, 따라서 사물의 법칙이나 성질을 아는 것이 그것을 피상적으로 넓게 아는 것보다 훨씬 중요하다,

둘째, 깊이 아는 것은 문제 해결의 열쇠가 된다, 우리가 살아가는 데는 수많은 문제가 가로놓여 있다, 사람들은 개인뿐만 아니라 국가나 사회적으로 이러한 문제를 해결하면서 살아간다, 그런데 그 문제를 해결하려면 그것의 핵심을 파악해야 한다, 가령 감기를 치료하는 문제에서 감기를 유발하는 요인이 많은데, 유능한 의사는 그 감기를 일으키는 원인을 정확하게 알아내서 치료하는 것과 같다, 따라서 인간 사회의 수많은 문제와 갈등 요소들은 그것들을 해결할 수 있는 본질적인 관계나 성질을 파악함으로써 가능해질 것이다,

셋째, 깊이 아는 것도 넓게 아는 것이다, 어떤 법칙이나 성질도 단독으로 존재하는 한 사물로써 설명되지 않는다, 수많은 사물과 관계를 맺음으로써 존재한다, 따라서 깊이 있게 어떤 사물의 속성이나 법칙을 파악한다는 것은 그것과 관계되는 다른 사물의 속성이나 법칙도 관계됨을 뜻한다, 한 예로 어떤 고등학생이 대학교에 들어가면 한두 과목만 열심히 전공하면 될 것이라 생각하다가, 정작 대학생이 되어 과목이 많은 것에 놀라는 것은 우연한 일이 아니다, 대학원의 석사나 박사 과정으로 올라가도 마찬가지 현상이 일어난다, 깊이 있게 알수록 연관된 주변 학설을 더 알 수밖에 없는 것이다, 어찌 깊이 있게 아는 것이 넓지 않겠는가?

우리는 안다는 것이 이처럼 중요하다는 것을 살펴보았다, 사물에 대하여 그 본질을 정확히 앎으로써 개인뿐만 아니라 인류의 문명이 발전해왔고 앞으로 진보해나갈 것이다, 이러한 역사의 진보를 보증하는 일은 사물에 대한 앎의 깊이를 더할 때만 가능하다, 그러니 깊이 아는 것이야말로 동시에 넓게 아는 것이기도 하지만, 그것이 더욱 중요한 일이 아닐까?

제6장
남녀의 구별이 필요한가?

A : 남녀가 하는 일이 엄격히 다른데, 말세야 말세. 어찌 여자가 남자가 하는 일을 하고 남자가 여자가 하는 일을 좋아해? 세상이 거꾸로 가는 거야.

B : 이 세상 일에 어찌 남자 일 여자 일 따로 있어? 자기 취미와 적성에 맞으면 하는 거지. 그렇게 할 수 있어야만 바람직한 세상이 아닌가?

Ⓠ 남녀는 정말로 평등한가요? 그렇다면 남녀 역할도 평등하게 되어 있나요? 남녀의 신체 구조와 신체적 능력이 각기 다르듯 사회적 역할도 달라야 하지 않을까요? 그게 아니라면 사회적 역할을 남녀에 따라 구분짓는 것은 또 다른 차별 아닌가요?

여러분은 남녀 차별은 반대하지만 남녀가 구분되어야 한다고 생각합니까? 아니면 구분이란 또 다른 형태의 차별에 불과하므로 그것조차 필요 없다고 생각합니까? 여러분의 생각은 어떠한지 그 주장과 함께 근거를 밝혀보세요.

▼ 키워드 해설

■ **관습(慣習 : convention)**

원래 '계약'을 뜻하는 라틴어와 관련이 있다. 인습(因習)과 같은 말로 어느 일정한 사회 내부에서 오랫동안 지켜내려와, 일반적으로 인정되고 습관화되어온 규범이나 생활 방식을 말한다.

■ **구별(區別 : distinction)**

종류에 따라 나타나는 차이 또는 그것을 갈라놓는 것을 말하며, 차별과 유사어다.

■ **권리(權利 : right)**

원래 권세와 이익을 뜻하는 말 또는 일을 자유로이 처리할 수 있는 권한이지만, 민주 사회에서는 특정한 이익을 주장하고 또 누릴 수 있는 법률상의 능력을 말한다.

■ **차별(差別 : discrimination)**

남녀, 인종, 학력, 재산, 종교, 출신 등에 따라 차등이 있게 구별하는 것을 말하며, 불평등과 같은 말이다.

■ **평등(平等 : equality)**

한 공동체 안의 개인은 같은 방식으로 대우를 받아야 한다는 원리다. 곧, 권리나 의무, 자격 등이 모든 사람에게 차별 없이 똑같음을 말한다.

■ **효율(效率 : efficiency)**

원래 물리학적인 개념으로, 기계가 한 일의 양과 그에 공급된

에너지의 비를 말한다. 이것을 경영에 도입하여 들인 노력(勞力)과 얻은 결과와의 비율, 곧 일의 능률을 말한다.

⊞ 관련된 학과 또는 주제

☞ 관습, 사회(법, 평등, 권리), 시사(時事), 여성학, 역사, 의학, 전통 윤리.

1. 남녀의 구별은 정당한가?

요즘 우리 사회 곳곳에서 남녀 차별의 문제를 많이 지적합니다. 그래서 여자이기 때문에 차별을 받아서는 안 된다고 법을 개정하였고 또 계속 개정하고 있습니다.

이런 배경 속에서 예전에는 남성들의 독차지였던 직업에 여성들의 취업을 허용하기도 하고, 여성들의 직업이라 여기던 분야에 남성들이 과감하게 도전하고 있습니다. 그 일례로 사관학교나 경찰대, 해양대에 여학생의 입학을 허용했을 뿐만 아니라, 미용사나 간호사 같은 직종에 남성들이 자진해서 취업하고 있습니다.

그런데 당연히 남녀 차별은 없어야 되겠지만, 남녀 구별은 있어야 한다는 생각이 여전히 존재하고 있습니다. 일례로 남성들이 군에 복무하고 난 후 취업할 때 점수를 더 주는 가산점 제도가 남녀 평등에 위배된다고 국가에서 폐지했는데, 아직도 많은 남성들이 필요하다고 주장합니다. 또 여성의 경우도 여학생들에게 바지 대신 치마를 교복으로 입게 하는 것은 남녀 구별이 아니라 차별이라고 주장하는 사람들이 있습니다.

심지어 학교 교육 현장에서 과거에 사람의 행동에 대하여 평가하던 말인 '남성답다' 또는 '여성답다'는 표현을 함부로 사용해서는 안 된다고 주장하기도 합니다. 전통적으로 이런 것은 남녀 구별이라고 여겼는데 그것을 차별이라고 보는 사람들도 있습니다.

또 남자가 길에서 담배를 피우면 '그럴 수 있다'고 생각하면서도 여자가 그러면 '별꼴이야'라고 생각하는 사람들이 많습니다. 이 또한 구별이 아니라 차별이라 여기는 사람이 많습니다.

이와 같이 남녀 구별이 필요하다는 의견과 남녀 구별 자체가 차별이라고 보는 의견이 서로 충돌하고 있습니다.

여러분들은 남녀 구별이 정당하다고 생각합니까?

2. 차별과 구별

　어떤 문제를 놓고 곧장 주장을 펼치는 것은 좋은 글쓰기 태도가 아닙니다. 집을 지으려면 설계에 앞서 각종 재료와 도구를 점검하고 땅을 준비해야 하듯이 글의 전개에 필요한 제반 사항을 다 검토해보아야 합니다. 검토 대상에는 주장의 필요성, 주장과 관련된 근거 그리고 근거의 타당성 등입니다.

　그래서 주어진 문제를 자기가 아는 대강의 정보를 가지고 성급하게 다룬다면 좋은 글을 쓸 수 없습니다. 남녀 차별 문제를 가지고 주장하는 글을 쓸 때 고려해야 할 사항을 열거하면 다음과 같습니다.

　먼저, 우리는 오늘날 남녀 차별이나 구별이 왜 문제가 되는지 밝혀야 합니다. 글을 쓸 때 어떤 주장에 대한 문제 의식이 풍부하다면 그만큼 글이 생동감과 호소력이 있기 때문입니다.

　다음으로 차별과 구별의 의미를 정확하게 알아야 합니다. 사람들은 구별을 차별로 혼동하기도 하고 반대로 차별을 구별이라고 변명하기도 합니다. 그래서 먼저 차별과 구별의 뜻을 정확히 알고 쓰는 것이 좋습니다. 곧, 글 쓰는 본인이 말하는 차별과 구별의 의미를 정확하게 드러내면서 글을 쓰는 것도 좋은 방법입다. 그런 다음 차별과 구별의 예를 드는 것이 중요합니다.

그리고 남자와 여자를 구별할 수 있는 근거를 밝혀야 합니다. 우선 남녀 구별이 필요한지 필요 없는지 살펴보아야겠지만, 만약 구별이 필요하다면 그 근거는 무엇인지 따져보아야 합니다. 그 근거가 생물적인 신체적 조건에 따라 나오는 것인지, 아니면 관습이나 문화적 전통인지 살펴보아야 합니다.

그뿐만 아니라 현재 우리가 남녀 구별이라는 전제에서 시행되고 있는 남녀 역할이나 생활 모습을 이런 근거에 비추어보아 타당한지 살펴보아야 합니다. 그리하여 일반적으로 구별이라고 부르는 것이 사실상 차별은 아닌지 검토되어야 합니다. 만약 그것이 차별이라면 구별이라고 부르는 그것도 당연히 철폐되어야 합니다. 그래서 구별 차체가 차별이기 때문에 남녀는 구별할 수 없다는 주장이 가능하게 됩니다.

남녀 차별이나 구별 문제를 다루는 것은 상당히 어려운 문제입니다. 왜냐하면 생물학적, 사회학적, 인류학적, 민속학적 지식이 요구되기 때문입니다. 초등학교 고학년 학생에게는 상당히 무거운 주제입니다. 그러나 이러한 주제는 항상 일상 생활에서 자주 발생하는 문제와 관련되어 있기 때문에 관심을 가지고 참여해보기 바랍니다. 다음 글에서 가능한 쉽게 설명하겠습니다.

3. 남녀의 차이점

　남녀 차별과 구별 문제를 말하기에 앞서서 먼저 해결해야 할 문제가 있습니다.

　첫째는 차별과 구별의 뜻에 관한 것이고, 둘째는 남녀 차이를 알아보아야 합니다.

　우선 차별과 구별에 대한 사전적인 뜻이 있는데, 차별은 '둘 이상의 대상을 등급이나 수준 따위를 두어서 구별하는 것'이라고 되어 있고, 구별은 '성질이나 종류에 따라 나타나는 차이에 따라 갈라놓는 것'이라고 되어 있습니다. 얼핏 보면 차별은 그 기준이 되는 등급이나 수준을 차별하는 쪽에서 정하는 것처럼 보이고, 구별은 그 기준이 되는 성질이나 종류가 구별되는 쪽에 있는 것같이 보입니다.

　그러나 이것만으로 차별과 구별의 의미를 정확히 나타낼 수 없습니다. 보통 차별은 '해서는 안 되는 행위'에 대해 말할 때 많이 사용하고, 구별은 '마땅히 차이를 두어야 할 때' 사용하는 말입니다. 가령 부모님이 자녀들에게 옷을 사준다고 할 때 몸이 큰 사람에게는 큰 옷을, 작은 사람에게는 작은 옷을 사주는 것은 차별이 아니라 구별입니다. 또 음식을 나누어줄 때 덩치 큰 어른에게는 많이 주고, 몸집이 작은 아이에게는 적게 주는 것도 구별입니다. 그런데 특별한 이유 없이 어떤 자녀에게는 옷을 사주고 다른 자녀에게는 옷을 안 사주는 것이나, 남자 어린이들은 쉽게 하고 여자 어린이들에게만 일을 시키는 것은 차별입니다. 따라서 앞으로 우리가 차별과 구별이라는 낱말을 사용할 때는 바로 이 같은 뜻으로 사용할 것입니다.

그럼 남녀 차이를 무엇으로 설명할까요?

우리가 남자와 여자로 구분하는 것은 신체를 가지고 말하기 때문에, 남녀 차이가 나는 것은 일차적으로 신체 때문이라고 말할 수 있습니다. 대체로 성인 여성은 임신해서 아이를 낳을 수 있습니다. 남성은 그렇지 못합니다. 그래서 보통 외모나 신체적 조건에서 남자와 여자의 차이를 보입니다.

그럼 이것 외에 남녀 차이를 나타내는 것은 없을까요? 성격은 어떤가요? 남자들은 일반적으로 성격이 씩씩하고 강하며 여자들은 부드럽고 온순한가요? 남자들은 몸집이 크고 힘이 세며 여자들은 남자보다 몸이 작고 힘이 약한가요? 그래서 남자들은 씩씩하고 과격한 운동을 좋아하고 여자들은 조용하고 힘이 적게 드는 운동을 좋아하나요?

만약 모든 남자나 여자가 위에서 말한 것에 들어맞지 않는다면, 남자는 이래야 남자답고 여자를 저래야 여자답다는 말을 하기가 곤란하게 됩니다. 우리가 보통 당연하다고 여기는 남자와 여자의 사회적 역할에 대해서도, 이 일은 꼭 남자가, 저 일은 꼭 여자가 해야 한다고 생각할 수 없게 됩니다. 가령 여자 가운데도 남성처럼 힘이 세고 튼튼한 사람이 있고, 남자 가운데도 몸집이 작고 성격이 온순하고 부드러운 사람이 있습니다. 이런 사람에게 보통의 남자나 여자가 하는 일을 시키는 것은 어울리지 않을 수도 있습니다.

그럼 어째서 남자와 여자의 구별이 가능하게 되었을까요? 다음 글에서 말하겠습니다.

4. 남녀 구별의 역사

남녀를 구별하는 것은 일차적으로 신체적인 차이에서 비롯합니다. 우선 여자는 임신하여 아이를 낳습니다. 아이를 낳는다는 것은 인구를 증가시키는 일이고, 그에 따라 그것은 노동력의 확보를 의미합니다. 옛날에는 주요 산업이 농업이나 유목이었고, 그 농업이나 유목도 주로 인간의 노동력에 의하여 이루어졌기 때문에 아이를 낳는 일은 무엇보다 중요한 역할을 했습니다. 노동력뿐만 아니라 전쟁이 일어나면 전투력이 되기 때문에 역대 왕들은 출산을 적극 장려했습니다.

이러다보니 여자들은 임신과 육아 그리고 집안일에 몰두하도록 그 역할이 강요되었습니다. 대신 남자들은 힘이 많이 드는 노동과 부역 또는 전투에 참가하게 됩니다. 이처럼 가정에서의 역할이 점차 사회나 정치에 확대되어 남자는 정치에 참여하게 되지만 여자는 배제됩니다. 비록 귀족 가문의 여자라 하더라도 정치에 관여할 수 없게 되었고, 공식적으로 여자는 교육도 시키지 않았습니다.

그래서 '여자는 집안일, 남자는 집 밖의 일'이라는 관습이 생기게 되었습니다. 남녀 관계를 '내외(內外)'라고 부르는 것도 이래서 생겨난 것입니다. 신체적 차이가 사회적 역할 차이로 확대된 것이지요.

그런데 당시의 남자나 여자들은 대부분 이것을 당연한 것으로 받아들였습니다. 우리의 전통 오륜(五倫) 가운데 있는 부부유별(夫婦有別)*을 보통 '부부 사이에는 구별이 있다'는 식으로 해석하여 아무런 저항 없이 받아들여졌는데, 바로 이것을 말합니다. 물론 이것은 동서양을 막론하고 공통적으로 나타나는 현상입니다. 유교 경전이나 기독교 성서, 이슬람교 코란을 보아도 이 점을 확인할 수 있습니다. 그래서 지금도 여자들은 제사나 회의에 참여할 수 없다든지, 여성 신부나 주교, 교황을 인정하지 않는 것도 이와 무관하지 않습니다.

그런데 당시는 아무런 문제가 없던 것이 왜 오늘날에는 차별이라는 것으로 문제가 될까요? 그것을 차별로 인식하는 데는 역사적인 배경이 있습니다. 다음 글에서 밝히겠습니다.

*부부유별(夫婦有別)은 원래 남의 남자와 내 남자, 남의 여자와 내 여자를 구별해야 한다는 뜻으로 해석하는 사람들도 있다.

5. 여성의 권익 향상

일반적으로 남녀 차별은 여성에 대한 차별을 말합니다. 남성에 대한 차별은 아직 큰 사회 문제로 등장하지 않았습니다.

그런데 차별에서는 남녀 차별만 문제가 되는 것이 아닙니다. 남녀 차별 외에도 빈부 차별, 학력 차별, 종교 차별, 지역 차별 그리고 인종 차별 등이 있습니다. 물론 이런 차별이 아직도 있기 때문에 남녀 차별도 문제될 것이 없음을 말하려는 것은 아닙니다. 이런 차별과 마찬가지로 남녀 차별도 있어서는 안 되는 것 중에 하나입니다.

앞에서도 말했지만, 근대 이전에는 오늘날 우리가 남녀 차별이라고 말하는 것을 당연한 것으로 생각했습니다. 크게 남녀 차별을 의식하지 못했다고 생각하는 것이 맞을지도 모릅니다. 단지 그것을 남녀 역할에 따른 구별 정도로 인식했습니다. 그런데 남녀 차별이 점차 줄어드는 데는 역사적인 배경이 있습니다. 물론 다른 차별도 마찬가지입니다만, 그것은 주로 서양에서 먼저 차별이 줄어들었는데, 이는 그리 오래된 일이 아닙니다.

서양에서 먼저 차별이 줄어든 이유는 산업 발달과 긴밀한 관계가 있습니다. 서양에서 먼저 산업화로 급속히 도시화가 진행되면서 도시에 인구가 집중하게 됩니다. 이제 여성들도 과거처럼 집에서 살림만 하는 것이 아니라 사회적 활동, 곧 노동에 참여시켜야 하는 필요성을 느끼게 됩니다. 그것은 산업 활동에 기존의 남성 노동력 외에 더 많은 노동력이 필요했기 때문입니다. 게다가 사회가 복잡하고 다양화되면서 여러 분야에 여성 노동력이 요구되었습니다. 그래서 가정에 묶어두었던 여성을 사회로 진출시켜야 하는 필요성이 증가되었습니다.

이렇게 해서 여성들이 사회적 활동을 시작한 초기에 곧바로 여성에 대한 차별이 없어진 것은 아닙니다. 여전히 중요한 일이나 주요 직책은 남성들 차지였고, 여성들은 남성들의 일을 보조하거나 잔손질이 많이 가는 작업에 동원되었습니다. 그리고 여전히 여성들에 대한 정치 참여와 투표권이 제한된 나라가 많았습니다. 서양이라 하더라도 말입니다.

그러다가 민주화가 진행되면서 여성들의 꾸준한 요구도 있었고, 또 정치가들이 여성들의 표를 얻고자 하는 득표 전략에서 여성들의 권익을 보호하는 법을 만들게 되었습니다. 물론 다른 것들과 함께 말입니다.

그리하여 여성들에게 투표권과 정치에 참여할 수 있는 권리가 주어지고, 사회 활동 참여가 법적으로 보장되었으며, 각종 권익이 보장되어 오늘날과 같은 위치에 이르게 되었습니다. 이제 아무도 여자는 집안일, 남자는 집 밖의 일을 주장하는 사람은 없게 되었습니다.

그럼 어디까지가 여자의 역할이고, 여자들이 할 수 없는 역할
은 또 무엇일까요? 아마도 거기서 남녀 구별이 확인될 것입니
다. 다음 글에서 논의해보겠습니다.

6. 남녀를 구별하는 근거

신체적 차이가 남녀를 구별할 수 있는 근거가 될 수 있을까요?

결론부터 말한다면 신체적 차이가 남녀를 구별할 수 있는 근거가 될 수는 없습니다. 가령 공중 화장실 사용에 남녀가 구분된 것을 남녀를 구별하는 대표적인 사례라고 말할 수 있습니다. 그러나 어떤 문화권에서는 남녀 화장실을 따로 쓰지 않는다고 전혀 문제될 것은 없습니다. 심지어 공중 목욕탕 이용도 마찬가지입니다. 우리가 남녀를 구별해서 화장실을 쓰는 근거는 안전이나 예절 때문입니다.

그렇다면 남녀 구별을 당연시하는 것 가운데도 그 근거가 신체적 차이에 있는 것은 아닐 수 있습니다. 예를 들어 여학생이 교복으로 꼭 치마를 입어야 하는 것은 남녀 평등에 어긋난다는 주장에 대해서, 여자이니까 당연히 치마를 입어야 한다고 반대 주장을 하는 것은 근거가 미약하다는 것입니다. 왜냐하면 남자가 치마를 입는 전통을 가진 나라도 있기 때문입니다.

만약 이 경우 여자가 치마를 입어야 하는 것은 여자이기 때문이 아니라 관습이나 전통이 그러하므로 입어야 한다면, 어느 정도 설득력이 있습니다. 물론 전통이란 것도 언젠가는 바뀔 수 있지만 말입니다. 이 경우 여학생도 교복 바지를 입어야 한다는 주장의 근거는 대체로 효율성입니다.

한 가지 예를 더 든다면, 추석날 시댁에 며느리가 꼭 가야 하느냐는 것도 이 경우에 해당됩니다. 여자니까 꼭 시댁에 가야 한다고 생각한다면 설득력이 약합니다. 사위라도 처가에 갈 수 있습니다. 이 경우 며느리가 시댁에 꼭 가야 하는 것의 근거는 관습이겠지만, 관습도 변하는 것이니만큼, 집안의 처지와 형편에 따라 결정될 문제로 보는 것이 훨씬 설득력이 강합니다.

그리고 직장에서 남녀를 구별하는 것도 신체적 차이가 근거가 되는 것이 아니라, 일의 성격에 맞는 효율성에 따라 그것이 결정되어야 합니다. 가령 군대나 공사장같이 육체적 힘이 많이 드는 직종에는 남자가 많은 것이 좋고, 디자인이나 바느질같이 섬세하고 정밀한 작업이 요구되는 직종에는 여자가 많은 것이 좋을 것입니다.

비록 효율성이나 안전, 전통 등이 남녀를 구별하는 근거가 될 수는 있지만, 이것마저도 사회 구성원들의 합의가 있어야 가능한 것입니다. 그렇지 않다면 사회적 강자의 입장에서 효율성이나 관습이나 전통을 내세워 구별이란 명분으로 차별을 강요할 수 있기 때문입니다.

다음 글에서는 주장하는 글의 개요를 작성해보도록 하겠습니다.

7. 남녀의 구별이 정당하다고?

이 글을 시작하는 맨 처음 글의 제목이 '남녀의 구별은 정당한가?'였습니다. 여전히 이 제목은 유효합니다.

어떤 물음에 곧장 답하는 형식으로 글을 쓸 수도 있지만, 이번 경우는 그렇게 할 수가 없습니다. 무작정 남녀를 구별하는 것은 특별한 경우엔 정당할 수도 있고, 보통의 경우엔 정당하지 않을 수 있기 때문입니다. 그래서 좀더 문제를 좁혀서 볼 필요가 있습니다.

따라서 쓰려고 하는 글은 이 제목에 답하는 형식이 되겠지만, 주장은 조건이나 전제를 달고 진행될 것입니다.

그럼 주장하는 글을 작성하기에 앞서 글의 개요를 작성할 순서가 되었습니다. 가장 먼저 해야 할 일은 주장을 정하는 것입니다. 그래서 어떤 조건을 두고 '남녀의 구별은 정당하다'는 입장에서 주장을 펼쳐보려고 합니다. 물론 그 반대 방향에서 주장을 펼칠 수도 있습니다.

그런 다음 그 주장에 따른 개요를 작성하면 다음과 같습니다.

✋ 문제 제기
— 남녀 차별의 문제
— 구별의 필요성과 의미
— 양성이 평등한 민주 사회에서의 삶의 중요성

✳ 주 장
— 사회적 합의에 의해 남녀는 구별되어야 한다.

⏬ 근거 제시
— 안전상의 이유로 남녀는 구별되어야 한다.
— 효율성을 위해 남녀는 구별되어야 한다.
— 전통 존중과 예절을 위해 남녀 구별의 필요성이 있다.

⚠ 끝맺음
— 인간은 평등한 존재
— 사회적 합의가 있어야 남녀구별이 정당하다.

다음 글에서는 예시적인 논술을 작성해보겠습니다.

8. 합의가 전제된 남녀 구별은 정당하다

　우리나라뿐만 아니라 세계 여러 나라에서 아직도 남녀 차별이 문제되고 있다. 남녀 차별은 단지 해당되는 사람이 여자 또는 남자로 태어났기 때문에 겪게 되는 차별이다. 그것은 사람의 능력이나 행동과는 무관하게 이루어지기 때문에 인간의 인권을 침해하는 것이며 당연히 철폐되어야 한다.

　과거에는 그러한 남녀 차별이 당연한 것으로 생각했던 때가 있었다. 그러나 차별이 정당하지 않다고 생각되는 현대에 이르러 구별이라는 이름으로 차별을 정당화하는 경우도 있다. 이 경우 남녀를 구별하는 타당한 기준이 있어야 하겠지만, 관습이나 전통 또는 편의에 의하여 막무가내로 구별하는 것은 또 다른 차별이다. 따라서 남성과 여성은 삶의 동반자로서 양성이 법 앞에서 평등한 사회가 되어야 진정으로 사회가 발전할 수 있다.

　그러나 양성이 평등하다고 하여 모두 똑같이 대우할 수는 없을 것이다. 남녀의 신체적 조건이 다른 만큼 그에 따른 일의 종류에 따라 능력이 대체로 다르게 나타날 것이다. 각자의 능력에 맞게 대우하는 것이 진정한 평등이 아닐까 생각한다.

　따라서 우리는 구별이라는 이름으로 차별을 해서는 안 되겠지만, 그럼에도 불구하고 사회적 합의에 의하여 구별할 필요를 느낀다. 그 이유는 다음과 같다.

첫째, 안전이나 건강을 위해 남녀는 구별되어야 한다. 가령 공중화장실이나 탈의실 사용처럼 사생활이나 안전을 위협받을 수 있고, 위험에 노출된 일이나 힘든 환경에 종사하는 일에는 남녀 구별이 필요할 것이다. 건강 또한 여성이 남성보다 취약하기 때문에 보호받아야 한다.

둘째, 효율성을 위하여 능력에 따른 구별이 필요하다. 남성과 여성은 신체적 조건이 다르다. 남자가 잘하는 일이 있고 여자가 잘하는 일이 있다. 물론 남자가 잘하는 일을 여자가, 여자가 잘하는 일을 남자가 더 잘하는 경우도 있겠지만, 전체적인 관리나 일의 효율성을 위해 구별할 필요가 있다.

셋째, 전통 존중과 예절을 위해 남녀 구별의 필요성이 있다. 인간의 역사는 하루아침에 이루어진 것이 아니다. 끊임없이 전통을 반복하고 수정하는 동안 형성되어온 것이다. 전통 없이는 새로운 역사를 창조할 수 없기에 전통을 존중하지 않을 수 없다. 예절도 마찬가지다. 인간 생활을 아름답게 만들기 때문이다. 전통이 남녀 평등을 가로막는 원천이 되어서는 안 되겠지만, 남녀를 구별하더라도 아름다운 미풍양속은 보존되어야 마땅하다.

인간은 존엄한 존재이고 평등하다. 그가 누구든, 장애인이든 여성이든 어린아이이든 차별을 받아서는 안 된다. 남녀 구별 문제도 이러한 입장에서 접근되어야 한다. 그러나 이것도 어디까지나 사회적 합의에 의해 결정되어야 한다. 그렇지 않다면 구별을 이유로 또 다른 차별을 만드는 일일 뿐이다.

제7장
심청은 효녀인가?

A : 부모님의 병을 비록 의사가 고칠 수 없다 하더라도 내 한 몸 바쳐 낫게 할 방법을 찾을 것이다.

B : 어차피 고칠 수 없는 부모님의 병을 위해 내 몸을 희생하는 것은 어리석은 짓이다.

> ⓠ 심청 이야기는 누구나 다 아는 이야기이지만, 심청이 과연 효녀인지 비판하는 글은 많지 않습니다. 워낙 효도의 교과서로 알려지고 또 그렇게 여겨왔기 때문입니다. 그래서 한국 사람이라면 당연히 심청을 효녀로 여겨왔습니다. 그러나 심청 이야기를 비판적으로 읽어볼 때 심청이 과연 효녀인지 의심스러운 부분이 있습니다.
> 여러분은 심청을 어떻게 생각합니까? 효녀라고 생각합니까 아니면 효녀가 아니라고 생각합니까? 각자의 생각에 대한 근거를 밝혀 글을 완성해보기 바랍니다.

♥ 키워드 해설

■ 간언(諫言)
자기보다 윗사람에게 윗사람이 저지른 잘못을 겸손하게 알리는 일로, 주로 신하가 임금에게, 자식이 부모에게 그 잘못을 알리는 일을 말한다.

■ 공경(恭敬)
공손히 섬기는 일로, 공경의 대상은 주로 조부모나 부모에 해당되지만, 더 나아가 웃어른이나 스승 등도 그 대상이 된다.

■ 맹신(盲信 : blind faith)
종교나 사상, 신조 등에 대하여 그 진위 여부나 잘못 등을 따지지 않고 무조건 맹목적으로 믿는 일을 말한다.

■ 미신(迷信 : superstition)
한자의 원 뜻은 미혹된 믿음으로, 종교적 과학적 견지에서 볼 때 망령되다고 생각되는 믿음을 말한다. 현대는 과학의 발달로 이전에 미신이 아니라는 것들이 미신으로 판명되었고, 반면에 미신이라고 여기던 것이 근거가 있음도 밝혀졌다.

■ 봉양(奉養)
부모나 조부모 등 웃어른을 받들어 모시는 일을 말한다.

■ 진보(進步 : progress)
사물이 점차 발달하는 일, 사물이 차차 나아지는 일을 말한다. 진보하는 분야는 주로 과학, 인식, 정치, 의학 등 인류의 문명이나 문화와 관계가 된다.

⊞ 관련된 학과 또는 주제

☞ 시사(時事), 『심청전』, 역사, 유교적 고전, 의학, 전통 윤리, 종교학.

1. 심청은 효녀인가?

자, 이제부터 논술의 방향을 좀 바꾸어보도록 하겠습니다. 지금까지는 좀 딱딱한 철학적인 문제와 일상 생활 문제를 다루어 보았습니다. 이제는 책을 읽고 그 내용을 가지고 자신의 주장을 펼쳐보는 방향으로 진행하겠습니다.

그리고 더 나아가 논술을 작성하려면 필요한 내용이 무엇인지 자세하게 질문에 대한 답변을 정리하면서 나아가겠습니다. 질문에 대한 답을 사전에 미리 꼭 조사해보기 바랍니다. 그렇지 않으면 여러분들 스스로 논술을 작성할 수 있는 능력이 생기지 않습니다.

그러면 먼저 '심청 이야기'에서 '심청은 효녀인가?'라는 제목으로 시작해보겠습니다. 심청 이야기에 대하여 기본적인 생각은 심청이 효녀라는 것이지만, 다른 생각을 갖고 있는 사람들도 있습니다. 곧, 아버지의 눈을 뜨게 하기 위하여 목숨을 버리는 딸의 행위가 아름다운 효도인지 의심하는 견해도 있습니다. 그래서 우리는 이 문제에 관심을 갖고 자신의 견해를 밝힐 필요가 있습니다.

이 이야기는 여러분들이 너무나 잘 알기 때문에 이야기를 직접 소개하지는 않겠습니다. 그럼 간단한 질문을 하겠습니다. 그 질문에 대한 답을 꼭 작성해보기 바랍니다.

1 옛날 사람들이 말하는 효도는 어떤 것인가요?

2 심청이 효녀라는 근거는 무엇입니까?

3 오늘날 효도는 어떤 것이어야 하나요?

4 심청이 효녀가 아니라면 그 근거는 무엇입니까?

2. 옛날 사람들이 말하는 효도

논술을 잘하기 위해서는 논리적으로 글을 잘 구성하는 능력도 중요하지만, 무엇보다 배경 지식이 있어야 합니다. 배경 지식 없이 논리만 늘어놓으면 내용이 빈약하며 글이 딱딱하게 되고, 따라서 설득력이 떨어집니다. 더구나 통합형 논술을 작성할 때 주변 지식들을 묶어서 하나의 논지를 펴는 데 근거로 사용해야 하기 때문에 배경 지식은 대단히 중요한 것입니다.

따라서 심청이 아버지의 눈을 뜨게 하기 위하여 인당수에 몸을 던진 행위가 과연 효도인지 아닌지를 주장하는 문제에서도 이러한 배경 지식은 절대적으로 필요합니다. 그래서 옛날 사람들이 말하는 효도가 과연 어떤 것인지 알아보는 것은 이 '심청 이야기'의 작품을 이해하는 데 매우 중요한 일입니다.

그럼 초등학생이나 중학생 수준에서 옛날 사람들이 말하는 효도를 어떻게 알 수 있을까요? 요즘 학교에서 효도를 안 가르치는 것은 아니지만, 옛날 사람들에 비하면 충분한 것이 아닙니다. 여러분이 어른이라면 유교의 경전을 차근차근 읽어보면 알 수 있겠지만, 그렇지 않다면 어린이용 『명심보감』이나 『소학』, 『사자소학』 등을 읽어보기를 권합니다. 비교적 상세하게 적혀 있습니다.

여기서는 그 내용을 모두 소개할 수는 없지만, 대강의 내용을 간추리면 다음과 같습니다.

□ 살아계실 때의 효도

― 자기 몸을 소중히 여긴다. 자기 몸을 상하지 않게 하는 것이 효도의 시작이다.

― 진심으로 공경한다.

― 편안하게 모신다. 겨울에는 따뜻하게, 여름에는 시원하게 해 드린다. 저녁에는 잠자리를 펴드리고, 새벽에는 안부를 살펴야 하며, 또 밖에 나갈 때는 반드시 가는 곳을 알리고, 돌아와서는 반드시 뵙는다.

― 부모님의 뜻에 순종해야 한다. 일을 할 때는 온화한 모습과 즐거운 태도로 부모님의 승낙을 받고 한다.

― 기쁜 마음으로 부모님이 즐기시는 음식과 옷으로 봉양한다.

― 병환이 있으면 근심하면서 낫기를 도모한다.

― 부모님의 잘못에 대해서는 조용하고 온화하며 부드럽게 간(諫)한다. 듣지 않으시면 더욱 공손히 세 번까지 간한다. 그래도 듣지 않으시면 울면서라도 따른다.

□ 돌아가신 후의 효도

— 슬픔을 다해 상례를 치르고 정성을 다해 제사를 지내며 성묘
  도 한다.

— 부모님이 남긴 뜻을 잘 받들어 실천해나간다. 부모님 생전의
  방침을 함부로 바꾸지 않는다.

— 국가나 사회에 바른 행동을 하여 후세까지 이름을 남기는 것
  이다. 그러면 자연히 부모님의 이름도 남게 된다.

3. 심청이 효녀라는 근거

앞의 글에서 옛날 사람들이 말하는 효도가 무엇인지 알아보았습니다. 단순히 부모님의 말씀을 잘 듣거나 마음을 기쁘게 해드리는 것만이 효도가 아니라는 것을 알았을 것입니다. 그뿐만 아니라 부모님이 하시는 것을 무조건 따르는 맹목적인 순종도 효도가 아님을 알았을 것입니다. 부모의 잘못에 대하여 간(諫)하는 것도 필요하기 때문입니다.

그러면 옛사람들이 말하는 효도에 비추어 심청이 효녀라는 근거를 찾아봅시다.

- 심청은 아버지를 진심으로 공경했다.
- 착하게 행동하여 동네 사람들에게 칭찬을 받았다. 이것은 어버이를 기쁘게 하는 것이다.
- 심청은 눈먼 아버지를 기쁜 마음으로 편안하게 모시려고 노력했다. 남의 일을 해주고 얻은 것으로 아버지를 봉양했다.

자기가 팔려간 이후의 아버지 처지를 생각해서 이웃에게 부탁하였다.

- 병환이 있으면 근심하면서 낫기를 도모했다. 아버지의 눈을 뜨게 하기 위하여 공양미 삼백 석에 몸을 팔았다. 그래서 결국 눈을 뜨게 만들었다.
- 왕비가 되고 난 이후에도 아버지 걱정에 맹인 잔치를 열어 마침내 아버지를 찾았다.

이상과 같이 옛사람들의 입장에서 심청이 효녀라는 것을 살펴보았습니다. 『심청전』이 고전으로 계속 전승된 것도 이러한 옛사람들의 생각과 일치하는 감동적인 부분이 있기 때문이라고 생각됩니다.

물론 옛사람의 효도하는 방식에서 심청이 효녀가 아니라는 점도 찾아낼 수 있습니다. 어떤 것이 있는지 살펴보기 바랍니다. 그것을 찾아낸다면 심청이 효녀가 아니라는 주장에 대한 근거를 삼을 수도 있습니다.

다음 글에서는 오늘날의 효도는 어떻게 해야 하는지 생각해보도록 하겠습니다.

4. 오늘날의 효도

심청이 효녀인지 아닌지 알아보려면 오늘날의 효도도 어떤 것인지 알아둘 필요가 있습니다. 왜냐하면 어떤 내용에 대한 비판의 시점은 지금 내가 살고 있는 현대이기 때문입니다. 가령 가뭄이 들어 비가 오랫동안 오지 않을 때 기우제를 지내는 경우가 있는데, 오늘날의 과학적 입장에서는 아무 근거가 없다고 비판할 수 있는 것과 같습니다.

이렇게 옛날 문화나 일에 대하여 비판할 수 있는 근거는 문명이나 역사가 진보하기 때문입니다. 과거에는 옳다고 인정되던 일이 오늘날에는 비과학적인 미신이라고 생각되는 것이 얼마든지 있기 때문입니다.

그러므로 오늘날 사람들이 강조하는 효도가 무엇인지 살펴보는 것은 매우 중요합니다. 그런데 요즘 사람들이 강조하는 효도가 법의 조문처럼 정해져 있는 것도 아니고, 또 약속된 원칙이 있는 것이 아니어서 한마디로 말하기는 쉽지 않습니다. 그뿐만 아니라 오늘날 사람들 가운데는 아직도 옛것이 모두 옳다고 고집하는 사람도 있습니다.

이럴 경우 사회학자나 인류학자가 조사하고 연구한 자료를 인용할 수밖에 없는데 그것 또한 쉽지 않습니다. 초등학생이나 중학생의 경우에는 어른들의 의견이나 신문, 책, 잡지, 인터넷 등에서 관련 자료를 모아야 할 것입니다.

그런데 사실 오늘날이라고 해서 전적으로 효도의 정신이나 원리가 변하지는 않습니다. 다만 가족의 형태나 직장 관계, 산업 구조에 따라 그 방법이 달라질 뿐입니다.

□ 살아계실 때의 효도
— 부모님을 진심으로 공경하며 자기 몸을 소중히 여긴다.
— 합리적이고 성실한 생활로 건전한 시민의 한 사람이 된다.
— 노후에 편안하게 모신다. 그러나 직장 문제로 멀리 떨어져 있을 때는 자주 찾아뵙는다.
— 부모님의 뜻에 원칙적으로 순종해야 하지만, 부모님이 내 뜻을 받아주지 않을 때는 인내심을 갖고 설득시킨다.
— 자라서는 경제적으로 부모님께 의지하지 않고 독립하도록 힘쓴다.
— 병환이 있으면 근심하면서 낫기를 도모한다.
— 부모님의 잘못에 대해서는 조용하고 온화하며 부드럽게 말씀드린다. 듣지 않으시면 더욱 공손히 계속 말씀드린다.

□ 돌아가신 후의 효도

― 슬픔을 다해 상례를 치르고, 제사나 성묘는 형편과 처지에 따라 정성껏 한다.

― 유산 문제로 다투지 않고 형제끼리 화목하게 지낸다.

― 부모님이 남긴 뜻을 잘 받들어 실천해나간다.

― 국가나 사회에 바른 행동을 한다.

5. 심청이 효녀가 아니라는 근거

    '심청 이야기'는 예부터 효도의 모범으로 전해오는 터라 심청이 효녀가 아니라는 반론 근거를 제시하는 것은 물론 쉬운 일이 아닙니다. 그러나 학생들의 창의적인 생각과 합리적인 사고력의 신장을 위하여 부득이 이런 주제로 논의하려고 합니다.

    물론 심청이 효녀가 아니라는 근거를 오늘날의 관점뿐만 아니라 옛날의 관점에서도 찾아낼 수 있습니다.

    이러한 두 관점을 종합하여 살펴보면, 우선 '자기 몸을 소중히 해야 하는 것'은 효도의 시작인데, 심청은 이것부터 위반하고 있습니다. 아버지의 눈을 뜨게 한다는 좋은 목적에서 시작한 일이지만, 아버지 몰래 공양미 삼백 석에 몸을 팔아 인당수의 제물이 된다는 것은 자신뿐만 아니라 아버지 입장에서도 끔찍한 일입니다. 이 세상의 어떤 부모가 자식을 죽이고서 자기의 병이나 장애를 고치려고 하겠습니까? 이것은 결코 부모의 마음을 기쁘게 하는 행동이 아닙니다. 심 봉사조차도 이 일을 적극

만류합니다. 그러나 아무도 이러한 심청의 고집을 꺾을 수 없었습니다. 심청은 자식을 희생시킨 아버지라는 세상의 비난을 전혀 고려하지 않습니다.

둘째, 심청은 합리적이지도 않은 미신을 믿고 맹목적으로 행동에 옮깁니다. 오늘날 관점에서 본다면 있을 수 없는 일이며, 목숨만 헛되이 버리고 아버지의 눈이 영영 밝아지지 못하는 결과를 초래할 수도 있습니다. 그 일례로 종교적 맹신으로 치료시기를 놓친 환자들을 얼마든지 볼 수 있기 때문입니다.

셋째, 부모의 잘못된 행동이나 생각에 대하여 온화하게 간하는 태도가 보이지 않습니다. 공양미 삼백 석을 시주하겠다고 선뜻 약속한 아버지의 행동에 대하여 그저 순순히 따르기만 하는 태도를 보이고 있기 때문입니다. 마치 오늘날 병을 고치기 위해 자기 형편으로는 전혀 감당할 수 없는 거액을 종교 단체에 기부하겠다고 약속한 부모를 묵묵히 따르는 자식들과 같다고 하겠습니다. 그것이 부모의 병을 고치는 일이라 하더라도 어디까지나 근거가 있고 합리적인 태도로 잘 말씀드려 막아야 합니다.

넷째, 아버지의 장래에 대한 배려가 적습니다. 일단 눈만 뜨면 그만입니다. 물론 자기가 인당수에 가기 전에 아버지를 다른 사람에게 부탁하기도 했지만, 근본적으로 장님인 아버지를 남이 잘 돌볼 수 없기 때문에 그것은 바람직한 배려가 될 수 없습니다. 더군다나 그저 착하기만 하고 아버지를 봉양하기만 했지, 눈먼 아버지가 스스로 할 수 있는 일을 강구한다든지, 눈먼 상태를 받아들이고 인생을 적극적으로 살 수 있는 대책을 강구하지 않았습니다.

다섯째, 왕비가 되고서도 아버지를 곧장 찾지도 않았습니다. 정말 공양미 삼백 석에 아버지가 눈을 떴는지 확인하지도 않았습니다. 왕비의 권력이라면 어느 고을 누구를 찾는 것은 매우 쉬운 일일 것입니다. 그런데도 맹인 잔치를 열도록 한 것은 다른 맹인들에게는 좋은 일이 될지 모르지만, 심 봉사에게는 쉬운 길을 두고 먼 길로 돌아가야 하는 고통을 안겨주는 일입니다.

6. 심청이 효녀가 아니라면

심청이 일반적으로 효녀로 알려져 있지만, 주장을 참신하고 새롭게 하기 위해 효녀가 아니라는 입장에서 글을 쓰려고 합니다.

글을 작성하기에 앞서 개요를 작성해야겠지요. 처음에는 문제 의식과 함께 주장을 드러내고, 가운데 부분은 주장에 따른 근거를 제시하며 끝 부분에서는 주장을 마무리하는 것은 이미 다 알고 있지요?

✋ 문제 제기
— 현대에도 효도와 효도 교육은 더욱 필요하다.
— 맹목적인 효도는 역효과를 불러일으킨다.
— 심청은 효녀가 아니다.

✱ 주 장
— 심청은 효녀가 아니다.

▼ 근거 제시

— 아버지를 속이고 마음을 아프게 했다.

— 미신을 믿고 자기 몸을 소중히 여기지 않았다.

— 아버지의 잘못을 간하지 않았다.

— 아버지의 장래 문제를 소홀히 하였다.

— 건강한 삶을 포기하였다.

⚠ 끝맺음

— 심청의 효도에는 문제가 있다.

— 맹목적인 효도가 아니라 시대에 맞는 새로운 효도가 필요하다.

다음 글에서는 이상의 개요를 가지고 논술을 작성하려고 합니다. 여러분들도 주장에 따른 개요를 작성해보기 바랍니다. 물론 이것과 다른 방향에서 작성해도 됩니다. 그것이 잘 안 된다면 이 개요를 가지고 작성해보기 바랍니다. 반드시 미리 논술을 작성해야 합니다. 그래야만 나중에 자신이 한 것과 필자가 한 것을 비교할 수 있기 때문입니다.

7. 심청은 효녀가 아니다

우리는 흔히 효도를 말할 때 심청을 떠올리게 된다. 그것은 지극한 효자가 적기 때문이기도 하겠지만, 자기 몸을 희생해서라도 아버지의 눈을 뜨게 한 심청의 효도를 좋은 본보기로 여긴 전통 때문이다.

그런데 오늘날 효도를 하는 사람이 점차 줄어들어서 사회 문제가 되고 있다. 자식이 없는 노인도 문제지만, 많은 자식이 있는 노인들조차도 쓸쓸히 노후를 보내게 하거나 길거리 또는 수용 시설에 방치하는 경우도 흔히 볼 수 있다.

이러한 원인은 주로 효도 교육이 가정에서나 사회적으로 잘 이루지지도 않은 탓이 가장 크고, 자식들의 이기심과 경제적 여건 때문일 것이다. 상황이 이러할진대 심청처럼 자식이 무조건 희생해서라도 부모를 모셔야 한다는 것은 시대에 맞지도 않을뿐더러 오히려 효도에 방해가 될 것이다. 심청을 오늘날 관점에서 비판해야 할 이유가 여기에 있는 것이다.

그럼 왜 심청이 효녀가 될 수 없을까?

첫째, 심청은 아버지를 속였다. 물론 선의의 거짓말이라는 것이 있기는 하지만, 거기에도 한도가 있는 법이다. 자기가 죽으러 가는 마당에 선의의 거짓말이 말이 되는가? 옛말에도 집을 나갈 때는 반드시 장소를 알려야 한다고 했고, 자기의 몸을 팔아 죽게 되었는데 나중에 팔려가는 날 알려주는 것은 자식으로서 부모에게 너무나 잔인한 일이 아닌가? 그로 인해 아버지가 받게 되는 마음의 상처는 또 어떠할까? 설령 운이 좋아 눈을 뜨게 된다 하더라도 심 봉사는 평생 죄인으로 살아야 할 것이다. 아버지를 죄인으로 만드는 것, 그보다 더 큰 불효가 어디 있겠는가?

둘째, 심청은 미신을 믿고 자기 몸을 돌보지 않았다. 당시에도 잘 알려진 '자기 몸을 소중히 하는 것이 효도의 시작'이라는 유교의 가르침부터 잊고 있다. 더욱이 부처님이나 신에게 빌어서 불가능한 일을 가능하게 하는 일은 거의 없다. 오늘날 병에 걸리면 병원에 가는 것이 기도하는 것보다 우선이라는 것은 삼척동자라도 아는 일이지만, 옛날이라고 해서 눈먼 장님을 그런 식으로 고칠 수 없다는 것을 몰랐다는 것은 말이 안 된다.

여기서 심청이가 그렇게 한 결과 이야기의 결말이 좋지 않았느냐고 반문할지 모르지만, 그것은 어디까지나 이야기의 허구적인 구성의 결과이지 현실적으로는 전혀 일어날 수 없는 이야기다. 만약 이야기의 결과대로 된다고 한다면 수많은 효자들이 목숨을 던질 것이다.

셋째, 심청은 아버지의 잘못을 말씀드리지 않았다. 당시로서는 엄두도 낼 수 없는 불가능한 일, 곧 공양미 삼백 석을 시주하기로 약속한 것은 말도 안 된다. 진정한 효자는 불가능한 일에 대해 부모님의 기분이 상하지 않게 조용히 말씀드려야 한다. 그것을 말하지 못해 목숨을 바쳐 해결하는 일은 진정한 효자라 할 수 없다.

넷째, 심청은 아버지의 장래 문제를 소홀히 했다. 눈을 확실히 뜰 수 있다는 보증도 없이, 아니 눈을 뜨게 되더라도 아버지의 노후 문제에 대해 어떻게 해야 할지 대책을 마련하지 않았다. 효도 가운데 가장 중요한 것이 부모를 노후에 잘 모시는 것이다. 그것을 이웃사람들에게 부탁하고 인당수에 죽으러 가는 것은 책임 있는 사람이 할 일이 못 된다.

끝으로 심청은 건강한 삶을 포기하였다. 당시 의학으로 고칠 수 없는 아버지의 장애를 스스로 인정하고 열심히 일하고 꿋꿋하게 살면서 아버지를 잘 모시는 것이 바람직한 행동이다. 물론 당시는 옛날이라 지금보다 여성들의 사회적 역할이 제한되기는 했지만, 결혼하여 아이를 낳고 남편과 함께 아버지를 더 잘 모실 수 있는 방법이 없는 것도 아니었다. 그런 삶에 대한 의지도 없이 공양미 삼백 석에 몸을 파는 행위는 너무나 무모하다.

비록 효도하려는 심청의 의도나 동기를 이해할 수 있지만, 그 방법은 전혀 효자가 할 수 있는 일이 아니다. 그것은 심청의 문제 해결 방식이 바람직하지 않기 때문이다. 진정한 효도란 맹목적인 것이 아니며, 또한 옛날 방식대로만 정해져 있는 것도 아니다. 비록 시대에 따라 효도 방법이 달라지긴 해도, 부모를 공경하고 모시는 것은 언제 어디서나 필요한 일이 아닐까?

제8장
춘향은 과연 열녀인가?

A : 사랑이란 영원한 것이다. 사랑하는 사람을 위해 정조(貞操)를 끝까지 지키는 것이 바람직하다.

B : 남녀 간의 사랑이란 한 순간의 감정일 뿐이다. 시간이 가면 사랑도 식는다. 한 남자나 여자를 위해 죽을 때까지 사랑을 지킨다는 것은 있을 수 없는 일이다.

Ⓠ『춘향전』은 우리의 고전 가운데 가장 인기 있고 작품성이 우수한 것 가운데 하나입니다. 『춘향전』을 그렇게 여기는 이유는 그것이 다루는 주제가 자유 연애라든가 신분 초월 그리고 남녀 간의 변치 않는 사랑 등에 있기 때문입니다.

그런데 '열녀춘향수절가'라는 판본이 존재하는 바와 같이 춘향이 열녀로서 부인의 도리를 다한 것으로 칭송하고 있습니다.

과연 춘향은 과거 전통 사회에서 효도와 함께 중요한 가치로 여겼던 열녀일까요, 아니면 그저 한 남자를 배신하지 않은 평범한 여인일까요? 그것도 아니라면 신분 상승을 위해 의도적으로 교묘히 사랑을 이용한 야심찬 여성일까요? 각자의 주장을 정하고 그 근거를 밝혀보세요.

▼ 키워드 해설

■ 과부(寡婦 : widow)

남편이 죽어서 혼자 살거나 자식과 함께 사는 부인으로 '과수' 또는 '미망인', '홀어미'라고도 한다. 그런데 조선시대에는 정혼만 하고 약혼자가 죽었을 때 혼자서 과부로 사는 여자도 있었다. 과부는 재가(再嫁), 즉 다시 혼인하는 것이 금지되었고, 만약 혼인하여 자식을 낳으면, 그 자식은 과거 시험을 볼 수 없었다.

■ 기생(妓生)

잔치나 술자리에서 노래나 춤 또는 풍류로 흥을 돋는 것을 업으로 삼는 여자로서, '기녀(妓女)'나 '예기(藝妓)'라고도 한다. 기생은 원래 천민이었으나 다만 위안이 있다면 양반의 부녀자와 같이 비단옷에 노리개를 찰 수 있었고, 사대부들과 자유 연애가 가능했으며, 고관대작의 첩으로 들어가면 친정을 살필 수 있다는 점이다.

■ 사대부(士大夫)

문무(文武) 양반의 일반적인 총칭으로 '사족(士族)'이라고도 한다. 원래 고려 말에 유학적 학식을 쌓은 지식인이었는데, 조선을 건국하는 데 적극적으로 참여하였고, 유교적 교양을 익혀 백성들을 교화하거나 이끄는 데 노력했다.

■ 수절(守節)

신하가 임금에 대해 절개를 지키거나 여자가 정혼한 남자나 남편에 대해 자신의 정조(貞操)를 지키는 것을 말한다. 조선시대에는 과부가 죽은 남편을 위해 재가(再嫁)하지 않고 절개를 지키는 것을 일컬었다.

■ 열녀(烈女)

죽은 정혼자나 남편을 위해 어려움을 당하여 목숨을 버리기까지 하면서 정조(貞操)를 지켰거나 오랜 세월 동안 고난과 싸우며 수절(守節)한 부녀자를 일컫는 말이다.

■ 천민(賤民)

조선시대에 상민(常民), 곧 양인(良人) 아래의 천한 백성으로, 노비나 기생, 백정, 광대 등이 여기에 해당된다. 특히 노비의 경우 타인 또는 국가 기관에 예속되어 인격적인 대우를 받지 못하고 과거를 볼 수 없었다.

⊞ 관련된 학과 또는 주제

☞ 시사(時事), 민속학, 역사, 유교적 고전, 전통 윤리, 『춘향전』.

1. 춘향전

우리나라 국문학 역사에서 최고의 고전을 꼽으라면 아마도 그 가운데 하나가 『춘향전(春香傳)』이 아닐까 합니다. 『춘향전』을 모른다면 한국 사람이 아니라 해도 결코 지나친 말을 아닐 것입니다.

그래서 『춘향전』은 판소리로 전승되고 있을 뿐만 아니라, 영화와 드라마 소재로 활용되어 수많은 작품이 나왔으며, 연극이나 오페라 등 각종 예술에도 끊임없이 응용되고 있습니다. 게다가 『춘향전』의 배경이 되는 남원 지방을 중심으로 한 지역 문화제의 중심 테마와 각종 관광 자원으로 이용되기도 합니다.

『춘향전』이 이렇게 많은 사랑을 받은 이유는 여러 가지가 있습니다. 그 중에 하나가 시대와 신분을 초월한 남녀 간의 자유 연애 사상을 담고 있기 때문입니다. 더욱이 이 작품에는 탐관오리의 부정을 징벌하고 백성들의 생활을 안정시키는 민본(民本) 사상이 들어 있으며, 온갖 고난과 역경을 이겨내고 자신의 정조를 지킨 춘향의 행동은 조선시대 유교 사회의 절개의 대명사로 여겨져 열녀(烈女)로 칭송하고 있습니다. 심지어 19세기 후반『춘향전』의 어떤 판본에는 '열녀춘향수절가'라는 제목이 붙기도 했습니다.

결국 숭고한 사랑, 탐관오리의 징치(懲治)를 통한 백성을 사랑하는 마음, 지아비에 대한 정조, 입신양명(立身揚名) 등의 각종 가치적 요소들이 조화를 이루어 작품 속에서 훌륭히 녹아들고 있기 때문에 지금까지 우리 민족의 사랑을 받고 있는 것입니다. 이처럼『춘향전』이 사랑받는 것은 단지 남녀 사이의 사랑만이 아닐 것입니다.

그런데 우리는 보통 어떤 작품에 대한 다른 사람의 평가나 자신의 선입견에 사로잡혀 그 작품에 대한 더 이상의 견해를 나타내지 않는 경우가 많습니다. 이『춘향전』만 해도 그렇습니다. 춘향이 기생의 딸로서 상대방 부모의 허락도 없이 연애를 한 것도 당시로서는 당치도 않은 일이며, 기생의 딸과 장차 벼슬길에 나갈 사대부집 도령이 혼인한다는 것 자체가 있을 수도 없는 일입니다.

그럼에도 불구하고 신분과 시대의 한계를 뛰어넘어 주인공들은 사랑을 이루었고, 그 결과 그들에게 주어진 위기 사항은 바로 그 시대의 한계와 맞닿아 있습니다. 시대적 가치를 배반한 이들의 행위에, 그리고 그 시대의 여성에게 주어지는 최고의 덕목인 '열녀'라는 말이 정말로 어울릴까요? 춘향이야말로 철부지 어린 소녀가 아름다운 소년과 한순간의 사랑 놀음에 빠져 자신의 신분적 한계와 역할을 망각한 사람이 아닐까요? 만약 춘향의 정절이 오늘날 관점에서 신분 해방을 위한 저항이자 투쟁이라면, 그에게 중세적 가치관의 대명사인 열녀라는 칭호가 과연 어울릴까요? 아니면 춘향은 정말로 열녀일까요?

2. 열 녀

언제나 그렇듯이 어떤 대상에 대하여 비판을 하거나 찬성을 할 때는 그 대상에 대한 개념을 정확하게 이해해야 합니다. 따라서 춘향이 열녀인지 아닌지를 살필 때도 '열녀(烈女)'라는 개념을 정확하게 이해할 필요가 있겠지요.

일반적으로 열녀란 어려움을 당하여 목숨으로 정조(貞操)를 지켰거나 오랜 세월 동안 고난과 싸우며 죽은 남편을 위하여 수절(守節)한 부녀자를 일컫는 말입니다. 물론 이렇게 뜻풀이를 해도 쉽게 이해되지 않을 것입니다. 다시 말해 열녀는 두 가지 경우를 포함합니다. 하나는 혼인 전에 정혼한 자가 죽었을 때 그 뒤를 따라 죽거나 스스로 목숨을 끊어 자신의 정조를 빼앗으려 하는 자에 항거하는 미혼녀를 뜻하고, 다른 하나는 이미 혼인한 여자로서 남편의 뒤를 따라 죽는 부인 또는 정조를 빼앗으려는 자에게 목숨을 끊음으로써 항거하는 부인을 말합니다. 대개의 열녀는 죽음으로써 되는 것이기는 하지만, 죽지 않고 고난

과 싸우며 절개를 지킨 경우도 있습니다만, 이 경우가 죽는 것
보다 더 어려울 수도 있습니다. 온갖 유혹과 강압과 모함과 험
담과 고난을 건더내야 하기 때문입니다.

그래서 살펴보면 죽어서 열녀가 되는 경우가 더 많았는데, 가
령 임진왜란(1592년) 첫 해의 '효자와 충신·열녀에 대한 표'(아
래)를 보면 확인할 수 있습니다. 열녀가 많았던 이유는 전쟁이
라는 상황도 작용했음을 알 수 있습니다.

도	효 자	충 신	열 녀
경상도	19	1	113
충청도	6	2	38
경기도	23	4	87
황해도	-	-	20
평안도	-	-	4
강원도	8	3	46
함경도	4	1	18
전라도	7	-	33
합 계	67	11	359

그러니까 평상시의 열녀는 죽은 남편이나 정혼한 남자를 위
한 경우가 대부분이고 남편이 살아 있는 경우에는 흔치 않을뿐
더러 성립되기가 쉽지 않습니다. 따라서 열녀는 혼인했거나 양
가 합의에 의해 정혼한 경우에 성립되는 것입니다.

그렇다면 누가 그 사람이 열녀인지를 판단한단 말입니까? 표
에서도 알 수 있는 것과 마찬가지로 그것은 어느 개인 스스로

그렇게 여기는 것이 아니라 국가에서 그렇게 판단하는 것입니다. 물론 국가에서 그것을 판단하기까지는 지역 사회의 여론을 참작할 것입니다.

3. 조선시대 과부는 모두 열녀다

열녀는 조선시대에 충신·효자와 함께 장려되었던 사항 가운데 하나였습니다. 조선 초기에 간행되었던 『삼강행실도』를 보면, 그 이름이 알려주는 것처럼 주로 효자나 열녀 이야기가 그림과 함께 채워져 있습니다. 교육사적으로 보면 아마 세계 최초의 시청각 교재라고 말할 수 있습니다.

여기서 삼강(三綱)이란 국가(국왕)와 남편과 부모에 대한 신하와 아내와 자식의 도리를 말하는 것으로, 흔히 역사 드라마에서 많이 듣던 이야기, 곧 '충신은 두 임금을 섬기지 않고, 열녀는 두 지아비를 섬기지 않는다(忠臣不事二君, 烈女不事二夫)'는 것으로 효도와 함께 국가에서 모든 도덕과 교화의 기본이라 여겨 크게 장려하였던 것입니다.

이 사실은 유교가 이미 조선의 국교로 자리를 잡은 것을 의미하며, 역사학자들의 연구에 의하며 조선 이전에는 남녀 관계가 비교적 자유로웠기 때문에 열녀에 대한 칭송은 많지 않았다고 합니다. 그러니까 남자는 충성(忠誠), 여자는 정절(貞節) 그리고 자식에게는 효도가 강조된 이유는 그것들이 나라를 이끌어가는 규범의 핵심이었고, 특히 정절은 여자들에게서 한 남편만 따르고 순종해야 하는 미덕으로 자리를 잡게 된 것입니다. 다시 말하면 이것은 비단 여자에게만 해당되는 문제이기 전에 국가 권력을 유지하기 위한 하나의 강력한 이념(이데올로기)으로 작용하였던 것입니다.

그리하여 귀천을 막론하고 과부가 재혼하는 것을 큰 죄악으로 여겼고, 마침내 열녀라는 경지에 접근해갔습니다. 그러니까 조선시대 과부는 모두 열녀라고 할 정도로 많은 과부들이 쏟아져 나왔습니다. 여기에 이르기까지 여성에게 가해진 규제와 장려 정책은 외출과 남녀 교제에 대한 엄격한 제한, 『삼강행실도』의 거듭된 반포, 열녀문(烈女門)의 표창, 재혼한 여자의 자녀에 대한 과거 응시 금지 등으로 말미암아 사회적 분위기는 갈수록 '여필종부(女必從夫)' 또는 '여필종일(女必從一)', 곧 여자는 한 남성만 섬기며 따라야 한다는 원칙이 확고해졌던 것입니다.

따라서 많은 과부들은 자의든 타의든 수절할 수밖에 없었는데, 그 이유는 자식들의 벼슬길을 망쳐서는 안 된다는 것과 친정 집안의 명예를 훼손해서는 안 된다는 점 그리고 그것이 사회의 미풍양속으로 자리잡았으므로 이를 해쳐서는 안 된다는 점이 작용하였으며, 남자들 역시 자식들의 장래를 염려하여 과부와 재혼하지 않았던 것입니다.

무엇보다 안타까웠던 일은 이러한 과부의 수절이 아름다운 전통으로 찬양되었고, 과부로서도 선택의 여지가 없었던 것입니다. 그리하여 많은 과부들이 그 고통을 견디다 못해 스스로 목숨을 끊어 '일부종사(一夫從事)', 즉 한 지아비만 섬기는 예를 지켰던 것입니다. 이것은 표면적으로 죽은 남편에 대한 정을 표시하는 것이기는 하나, 다른 한편으로는 유교적 사회 질서 유지를 위한 가족 제도의 희생물이었음을 상징합니다.

4. 춘향전을 파헤쳐라

『춘향전』을 읽어보셨습니까? 간단히 요약한 것을 읽어보았다고요? 그게 함정입니다. 그런 것 읽으면 방해가 될지언정 도움은 안 됩니다. 왜냐하면 그것을 읽으면 본인은 읽었다고 생각하겠지만, 실은 원래대로 읽었을 때 알아야 할 세부 사항을 놓치게 되고, 또 전문(全文)을 다 읽는 데서 생기는 본인들의 읽기 능력을 방해하기 때문입니다.

『춘향전』 내용은 솔직히 말해서 어린이나 청소년들이 이해하기에는 어려울 것이라 생각합니다. 문화적 배경을 모르니까요. 만약 그것을 현대적 용어로 쉽게 번역한다 하더라도 역사적 사실과 배경을 잘 모르면 더욱 이해하기 힘듭니다. 그러나 어찌하겠습니까? 열심히 배워야지요. 그래서 우리가 학교에서 역사를 배우는 것 아니겠습니까? 이러한 문학 작품 하나를 읽고 이해하는 데도 여러 가지 주변 지식이 요구됩니다.

우선 『춘향전』에서 쟁점이 될 수 있는 부분을 찾아봅시다.

① 이 몽룡은 기생의 딸인 춘향과 연애를 하고 혼인을 하였다.

② 부모 몰래 혼인하였다.

③ 신임 사또 변학도는 춘향에게 수청을 요구했다.

④ 춘향은 지아비가 있다고 하여 거절했다.

⑤ 춘향을 열녀라 칭송하고 정식 부인으로 인정하였다.

먼저 ①번을 보면 양반 아들과 기생 딸이 혼인할 수 있었을까요? 물론 연애는 가능합니다. 그러나 혼인이란 지금도 그렇지만 당시에는 더욱더 개인 당사자의 문제가 아니라 가문과 가문의 일입니다. 게다가 기생의 딸은 어머니인 기생의 신분을 그대로 물려받습니다. 기생의 신분은 천민입니다. 천민과 사대부의 혼인이 가능할까요? 게다가 춘향은 이 도령의 요구를 너무 쉽게 들어줍니다. 정조를 소중히 여겼다면 양반집 자제에게 너무 쉽게 넘어간 것이 아닙니까? 한순간의 불장난이 혼인으로 연결되지 않을 수도 있는데 말입니다.

②번의 경우는 가문에서는 물론이요 사회가 용납하지 않는 일입니다. 정상적인 경우도 용납이 어려운데 기생의 딸과 가능한 일인가요?

③번의 경우 변학도는 백성을 다스리는 점에서는 문제가 있을지 몰라도, 춘향의 수청 요구는 너무나 당연하지 않은가요? 당시 고을에는 관기(官妓)라는 것이 있고, 기생들의 수청은 하나의 관례였기 때문에, 기생 딸에게 수청을 요구하는 일은 잘못된 일이 아니었습니다.

④번 문제는 춘향 자신이나 월매만 그렇다고 여기지 누가 그

것을 인정할 것인가요? 설령 그렇다 하더라도 양반집 도령과 한순간의 연애로 볼 일이지, 지아비를 위해 정조를 지키는 일이라고 누가 인정할 것인지 문제가 됩니다.

⑤번 문제는 문학 작품이니 현실의 한계를 승화시켜 그렇게 표현할 수 있습니다. 작품이니까 가능하다는 이야기입니다. 그러나 현실에서 그것이 가능할까요? 열녀라고 하는 것은 앞에서 살펴본 대로 몇 사람이 그렇게 말한다고 되는 것이 아니고 국가나 사회에서 인정해야 합니다. 게다가 기생의 딸이 죽음을 무릅쓰고 양반집 아들을 위해 정조를 지킨다고 하면, 그것을 누가 인정하겠습니까? 다른 천민의 딸도 그랬다면 그 경우도 열녀라고 인정하고 정식으로 혼인을 허락해야 하지 않겠습니까?

결국 『춘향전』은 그 자체에 모순을 내포하고 있습니다. 열녀라는 것은 당시 사회적으로 인정받는 보편적 규범을 준수해야만 가능한 일입니다. 그러나 『춘향전』은 어느 하나 사회적 규범을 따르지 않았습니다. 단지 죽은 것도 아닌 살아 있는 지아비를 위해 정조를 지키는 것, 당시 여인으로서 누구나 할 수 있는 그 사실 하나만으로 열녀라 칭송하는 것은 『춘향전』 전체 분위기와 어울리지 않습니다. 차라리 춘향이 변학도의 감옥에서 죽었더라면, 시대의 관습에 저항하는 자유 연애와 신분을 초월한 숭고한 사랑 등으로 찬양받을 수 있습니다.

결국 『춘향전』은 유교적 가치관을 유지시키고자 했던 보수층의 이념이 반영되고, 동시에 자유 연애와 신분 차별의 민중적 사상이 교묘히 조화를 이룬 작품입니다. 그것이 『춘향전』이 지금까지 살아남을 수 있었던 이유입니다.

5. 춘향이 열녀가 아니라면

춘향이 일반적으로 열녀라 알려져 왔는데, 그것이 전체 내용의 흐름에서 많은 사람들에게 부담이 되었던 것 같습니다. 그래서 후대의 『춘향전』의 다른 판본을 보면 춘향이 성 참판의 서녀로 묘사됩니다. 천민에서 어느 정도 평민으로 격상시켜 내용의 부조화를 해소시켜보려는 의도이겠지요. 따라서 열녀라는 것에 결점을 줄여보자는 생각이 반영되었을 것입니다. 그러니까 『춘향전』의 논리적인 결함을 후대 사람들이 발견하고 보완해보려는 노력이라 생각됩니다.

이 같은 점을 중심으로 해서 '춘향이 열녀가 아니다'라는 제목으로 논술을 작성하려고 합니다. 그럼 먼저 개요를 작성해야겠지요?

✋ 문제 제기
— 열녀의 정의

— 춘향의 행동에서 열녀라 말할 수 없는 점이 있다.
— 사회적 규범을 파괴한 사람을 열녀라 할 수 있을까?

⊡ 주 장
— 춘향은 열녀가 아니다.

⊤ 근거 제시
— 춘향은 너무 쉽게 사랑에 빠졌다.
— 정식으로 혼인하지 않았다.
— 기생의 신분이었다.
— 살아 있는 지아비를 위해 수절하는 것은 너무나 당연하다.

⚠ 끝맺음
— 열녀란 당시 사회의 규범을 준수함으로써 가능하다.
— 열녀가 『춘향전』의 가치를 살리는 것은 아니다.
— 열녀는 『춘향전』의 작품적 가치를 퇴행시키는 것이다.

　꼭 여러분 스스로 논술을 작성해보기 바랍니다. 물론 다른 방식으로 개요를 짜서 해결할 수도 있습니다. 춘향이 열녀라고 주장하는 것도 가능합니다.

6. 춘향은 열녀가 아니다

열녀(烈女)란 죽은 남편이나 정혼자를 위해 죽음으로써 정조를 지켰거나, 평생 동안 고난과 역경을 견디면서 수절한 과부를 국가나 사회에서 높여 부르는 말이다. 오늘날은 열녀라는 말이 중요한 사회적 의미를 내포하고 있지는 않지만, 열녀는 충신과 효자와 함께 조선시대를 지탱해온 질서의 핵심 요소다.

그런데 춘향의 행동에서 지금까지 알려진 것처럼 열녀라고 할 수 없는 부분이 발견된다. 살아 있는, 그것도 정식 지아비가 아닌 연인을 위해 정조를 지키는 일만 가지고 열녀라 할 수 있을까? 게다가 당시 사회적 규범을 따르지 않았으니 말이다.

따라서 우리는 조선시대에서 추앙하는 열녀라는 관점에 비추어 춘향의 행동이 거기에 부합하는지 따져볼 필요가 있다.

우선 춘향은 당시 여성들이 외간 남자에게 대하는 일반적 예법의 경향을 무시하고 너무 쉽게 사랑에 빠지고 혼인을 허락했다. 말이 혼인이지 이몽룡의 구애에 쉽게 몸을 허락한 것이다. 월매의 태도는 차치하고라도 양반 집 도령에게 쉽게 몸을 허락한 것은, 신분 상승을 꿈꾸는 불순한 의도이거나 혼인이 성사되지도 않을 줄 뻔히 알면서도 연애만 하고 보자는 기생의 행동과 다를 바 없다.

둘째, 춘향은 정식으로 혼인하지 않았다. 둘만의 혼인이요 일종의 연애며, 유교적 질서가 지배하는 조선 사회에서 결코 용납되지 않는 행동이다. 혼인이란 개인 당사자의 문제를 넘어서 양가의 결합이다. 그 전통이 지금까지도 남아 있다. 부모의 뜻을 저버리고 자기 마음대로 혼인하는 것은 큰 불효 가운데 하나다. 불효를 저지른 사람들을 어찌 열녀나 효자라 할 수 있을까?

셋째, 춘향은 기생의 딸로 천민에 속한다. 천민의 신분으로서 사대부가의 촉망되는 젊은이와 혼인한다는 발상 자체가 당시로는 불경스럽고 말이 안 되는 일이다. 그것은 해당 가문만의 문제가 아니라 국가나 사회 질서의 차원에서 전혀 용납되지 않는 행동이다. 그런 사람들에게 열녀라는 말은 가당치도 않는 일이다. 더구나 기생의 딸도 자연히 천민인데, 그 천민과 혼인한 사대부 집안의 남자가 낳은 자식도 천민에 속한다. 그걸 감수하면서 이몽룡이 정말로 혼인을 감행했다는 것은 어처구니없는 일이다. 그것은 사려 깊지 못한 사춘기 소년의 불장난에 불과하다.

게다가 변 사또는 춘향의 혼인 관계를 전혀 인정하지도 않고 그저 기생의 딸이니 기생으로만 알았다. 그녀의 신분이 그러니까 말이다. 만약 변 사또가 춘향을 이몽룡의 정식 부인이라 여겼다면 절대 그럴 리 없다. 당시의 규범에서는 지체가 높다고 하여 공공연히 남의 아내를 탐할 수 없기 때문이다. 더군다나 이몽룡은 지체 높은 전임 사또의 자제가 아닌가?

넷째, 살아 있는 지아비를 위해 정조를 지키는 것은 너무나 당연한 일이다. 그 전통이 지금도 간통죄로 남아 있고, 그래서 남자에게도 부인에 대한 정조를 강요하고 있지 않은가? 따라서 춘향이 변 사또의 수청을 거부하는 것은 열녀가 되기에 앞서 한 남자에 대한 사랑을 지켜야 하는, 오늘날 입장에서 보더라도 너무나 당연한 일이 아닌가? 비록 그녀가 그것을 지키기에 가혹하고 힘든 고생을 했더라도 말이다.

열녀란 조선 사회의 규범을 지탱해주는 하나의 축이다. 열녀가 된다는 것은 그런 유교적 가치를 잘 준수했다는 의미다. 그러나 춘향의 행동은 그러한 기준에 부합되지 않는 점이 더 많다. 작품 {춘향전}의 가치를 살린 것은 그녀가 열녀이기 때문이 아니라, 자유 연애라고 할까 아니면 신분 차별의 극복이라는 근대적 가치 때문일 것이다. 열녀는 오히려 {춘향전}의 작품적 가치를 퇴행시키며, 그것은 당시 관습적이고 지배적 이념과 마찰을 일으키지 않으려는 교묘한 장치에 불과한 것이다.

제9장
아파트에서 애완견을 키워도 좋은가?

A : 아파트에서는 작은 소리도 소음이다. 애완견이 이웃에게 피해를 주는 것은 소리뿐이겠는가? 아무리 조심해도 피해를 준다.

B : 누구나 애완 동물을 키울 권리가 있다. 다른 사람에게 피해를 주지 않는다면 애완견이라도 아파트에서 못 키울 이유가 없다.

ⓠ 우리는 주변에서 애완견을 쉽게 볼 수 있습니다. 길거리나 공원, 심지어 대중 교통 기관에서도 볼 수 있습니다. 그런데 아파트에서 애완견을 키우면 본의 아니게 남에게 피해를 줍니다. 소음과 배설물 등으로 다른 사람들의 기분을 상하게 할 때가 있습니다. 이런 이유로 이웃들은 아파트에서 애완견 키우는 것을 곱지 않게 바라보기도 합니다.

어떻게 하면 이웃들이 애완견을 키우는 문제에 대하여 호의적으로 바라보게 만들 수 있을까요? 이들에게 설득하는 글을 써봅시다.

▼ 키워드 해설

■ 경제적 가치
돈으로 환산되는 생산적 가치 또는 경제에 보탬이 되는 활동이
나 재화를 말한다.

■ 사생활 보호
개인의 사적인 생활을 법률로 보장하는 것을 말한다.

■ 자유(自由 : liberty)
자유는 정의하기 매우 어려운 개념이지만, 일반적으로 외부적인
구속이나 무엇에 얽매이지 않고, 법률의 범위 안에서 자기 마음
대로 행동하는 것을 말한다.

■ 책임(責任 : responsibility)
일반적으로 맡아서 하는 임무나 업무를 말하기도 하나, 어떤 일
에 관련되어 그 결과에 대해서 지는 의무나 부담을 말한다. 법률
적으로는 법을 위반한 행동을 한 사람에게 법률적 불이익이나
제재를 가하는 일을 말한다.

⊞ 관련된 학과 또는 주제
☞ 경제, 동물학, 사회, 시사(時事) 자료, 법률, 윤리.

1. 아파트와 애완견

요즘 어디서나 애완견을 데리고 공원이나 길거리를 산책하는 사람들을 많이 볼 수 있습니다. 승용차 안에서도 볼 수 있고, 심지어 백화점이나 호텔 같은 데서도 애완견을 위한 장소도 만들어주고, 휴가철이나 직장 출장 때문에 돌보지 못하는 애완견을 위한 애완견 호텔도 있다고 합니다.

이렇게 많은 사람들이 애완견을 키우다보니 동물병원도 호황을 누리고 애완견 관련 상품들도 쏟아져나옵니다. 이제 애완견도 하나의 경제 활동에 보탬이 되고 많은 직업을 만들어내기도 합니다.

그런데 많은 사람들이 애완견을 키우다보니 생기는 문제도 적지 않습니다. 공원을 걷다보면 볼썽사납게 애완견의 배설물이 여기저기 흩어져 있는 것을 자주 볼 수 있고, 어떤 때는 자기도 모르게 애완견의 배설물을 밟는 경우도 있습니다. 더구나 고삐 없는 애완견이 갑자기 달려들어 어린이들을 놀라게 하는 경우까지 볼 수 있습니다.

특히 아파트같이 많은 사람들이 모여 사는 곳에서는 다른 사람에게 더 큰 피해를 줄 수 있습니다. 가령 이웃 사람에게는 밤늦게 또는 이른 새벽에 개 짖는 소리가 결코 유쾌한 소리로 들리지 않을 뿐만 아니라, 밤중에 뛰어다니는 개 발자국 소리도 아래층에 사는 사람에게 전혀 피해를 주지 않는다고 말할 수 없습니다.

문제는 그뿐만이 아닙니다. 목욕을 자주 시켜주지 않을 경우 애완견의 냄새가 이웃에 퍼지기도 하며, 주인의 실수로 배설물이 엘리베이터나 계단에 떨어지기도 합니다. 그것을 밟기라도 하는 날이면 큰 소동이 벌어지기도 합니다. 더욱이 키우다가 버린 주인 없는 개들이 이리저리 방황하는 것을 보면 안타깝기 그지없습니다. 이렇게 되면 대부분의 이웃 사람들은 아파트에서 애완견을 절대로 키워서는 안 된다는 생각을 갖게 됩니다.

여러분이라면 이 경우 아파트에서 애완견을 키우는 것을 어떻게 생각합니까? 만약 여러분이 현재 아파트에서 애완견을 키우고 있다면, 이웃 주민들에게 애완견의 좋은 점을 알려주고 아파트에서 애완견을 길러도 좋다는 생각을 갖도록 하기 위해 어떻게 설득하겠습니까?

그러나 여러분이 현재 아파트에서 애완견을 키우지도 않고, 앞으로 결코 키우고 싶지도 않기 때문에, 절대로 애완견을 키우지 말라고 주장하기 위해서는 애완견 주인을 어떻게 설득하겠습니까?

2. 왜 애완견인가?

앞의 글에서 어떤 주제에 대하여 문제 의식을 갖는 것이 중요하다고 말했습니다. 문제 의식을 갖게 되면 문제를 선명하고 실감나게 드러낼 수 있고, 다른 사람의 관심을 불러일으키며 주장의 설득력을 증가시킵니다.

문제 의식이란 앞에서도 말했지만 어떤 문제에 대하여 관심을 갖거나 문제 사태에 참여하는 것을 말합니다. 논술의 주제는 대개 이러한 문제 의식을 필요로 하고, 이러한 문제 의식을 가질 때 풍부한 논의를 할 수 있고, 문제를 깊이 있게 이해할 수 있습니다.

그러니까 왜 애완견이 문제가 되는지 밝혀야 합니다. 그것을 기르는 것을 찬성하든 반대하든 애완견이 우리 생활에 깊이 관여해 있고, 많은 사람들에게 영향을 끼치고 있다는 점을 드러내야 합니다.

그런데 애완견에 대하여 문제 의식을 가지려면 많은 자료가 있어야 합니다. 그 자료는 일상적인 개인 경험일 수 있고, 다른 사람의 의견일 수도 있고, 신문이나 방송의 보도 자료일 수도 있고, 전문 서적일 수도 있습니다. 그러니까 이러한 주제로 글을 작성할 때는 평소 관심을 갖고 자료를 많이 확보해야 가능합니다.

초등학생들의 경우 이러한 주제로 글을 쓰려면 경험이 적고 자료를 쉽게 접하지 못하기 때문에 당장 글을 작성하는 데는 어려움이 있습니다. 그래서 자료 준비 못지않게 다른 준비가 필요합니다.

이런 준비 없이 당장에 글을 써나가는 것은 매우 위험하며 좋은 결과를 기대하기 어렵습니다. 어떤 문제에 대하여 깊이 생각하고 많은 경험을 해야만 좋은 글을 쓸 수 있습니다. 단순히 글 쓰는 기술이나 관련된 책을 몇 권 읽었다고 해서 해결되는 것이 아닙니다.

그러니까 그 준비란 평소에 어떤 주제에 대하여 문제 의식을 갖고 깊이 생각하는 습관을 갖는 것만큼 좋은 것도 없습니다. 그러한 주제도 따지고 보면 우리의 일상 생활과 직결되는 문제여서, 사람이 성실하고 바르게 살려고 노력하다보면 그런 문제와 늘 맞닥뜨리게 됩니다. 그래서 그런 문제를 해결하려고 고민하게 되고, 관련된 책을 읽게 되고 또 뜻을 같이하는 사람들과 대화도 나누고, 때로는 반대되는 생각을 하는 사람과 토론도 벌이면서 점점 그 문제에 대한 깊이를 더해가는 것입니다.

살아가면서 문제 의식이 없고 그것을 해결하려고 하지 않는 사람에게 좋은 논술을 기대할 수 없는 것이 바로 이런 이유 때문입니다. 자신의 생활과 먼 주제로 글을 쓴다는 것은 거짓이요 상상에 불과한 것입니다. 상상이란 한계가 있으며 직접 경험하거나 생각해본 것보다 생명력이 없습니다.

따라서 일상 생활 속에서 문제를 발견하고 그것을 해결하려고 노력하며 생각하는 것이야말로 좋은 논술을 작성하기 위한 지름길임을 꼭 명심해야 합니다.

3. 아파트에서 애완견을 키울 때

애완견을 기르는 데 대한 충분한 문제 의식을 가졌다면 주장을 펼치는 데 큰 도움이 될 것입니다. 그 주장이 '아파트에서 애완견을 키워서는 안 된다'는 것이나 '아파트에서 애완견을 키워도 좋다'는 것이라 할지라도 문제 의식은 다 관련됩니다. 일단 어느 방향으로 주장을 펼치더라도 문제 의식은 필요하기 때문입니다.

자, 그러면 아파트에서 애완견을 기르는 데 생기는 문제점 내지 우리의 생활과 관련된 사항을 정리해보면 다음과 같습니다.

- 개 짖는 소리가 이웃에게 피해를 준다.
- 자기가 개를 좋아하지 않기 때문에 이웃에서 개를 키우는 것을 싫어하는 사람도 있다.
- 콩콩 뛰며 달리는 소리가 아래층에 전달되어 피해를 준다.
- 개가 집 밖 아파트 주변이나 공원, 길거리에 소변이나 대변을

볼 수 있다.

- 개가 어린아이들에게 위협이 될 수 있다.
- 정서적으로 안정감과 친밀감을 준다.
- 외로움을 덜 느끼게 해준다.
- 도둑을 지켜주기도 한다.
- 기 타

더 많은 예를 찾아서 들 수 있지만, 이상과 같이 애완견을 기를 때 생길 수 있는 문제점과 좋은 점을 살펴보았습니다. 물론 이런 것들 가운데 일부는 나중에 주장에 대한 근거로 활용될 수 있습니다. 특히 문제점과 좋은 점은 주장에 대한 반대 논리나 근거로 사용될 수 있기 때문에 문제 의식을 충분히 갖는 것은 매우 중요하다고 앞에서 말했습니다.

다음 글에서는 '아파트에서 절대 애완견을 키울 수 없다'는 주민들의 입장에 대항하여 '아파트에서 애완견을 키워도 좋다'는 주장으로 주민들을 설득하는 글을 작성한다고 할 때, 어떻게 해야 할지 알아보겠습니다.

4. 주장과 근거

문제 의식이 풍부하다면 주장은 쉽게 나올 수 있습니다. 아무래도 보통 사람들의 문제 의식대로 생각해본다면, '아파트에서 애완견을 키우지 말자'는 주장이 가능할 것입니다. 그러나 문제에 따른 주장은 다양하므로 이와 다르게 생각해보는 것도 좋은 공부가 될 듯합니다.

더구나 요즘 애완견을 키우는 사람들이 부쩍 늘어나 애완견을 키운다는 이유로 부당하게 일반 사람들에게 오해를 받는 사람들이 있다는 것을 생각한다면, '아파트에서 애완견을 키워도 좋다'는 주장으로 주민들을 설득하는 글을 작성할 수도 있을 것입니다.

그러면 '아파트에서 절대 애완견을 키울 수 없다'는 주민들의 입장에 대항하여 '아파트에서 애완견을 키워도 좋다'는 주장으로 주민들을 설득하는 글을 작성한다고 할 때, 어떤 근거가 필요한지 알아보겠습니다.

이미 주장이 정해졌으므로 그에 합당한 근거를 찾아야 합니다.

우선 근거는 누가 보더라도 합리적이어야 합니다. 곧 이치에 맞아야 합니다. 이치에 맞는다는 것은 먼저 논리적으로 타당해야 합니다. 논리는 쉬운 것도 있고 어려운 것도 있는데, 당장은 초등학생들이 이해할 수 있는 정도의 논리면 충분합니다.

그 다음으로 근거는 한두 사람의 경험이 아니라 누구나 경험할 수 있는 것이어야 합니다. 누구나 경험하는 것이라면 설득력이 훨씬 강해지는 법이기 때문입니다.

또 전문가의 견해를 들 수 있습니다. 전문가의 견해는 직접 들을 수도 있고 책이나 잡지 등을 통해 접할 수도 있습니다. 그런 것들은 인용하면 설득력을 더욱 강화할 수 있습니다. 물론 이런 것을 준비하려면 치밀한 계획과 사전 조사가 필요합니다.

끝으로 어떤 사실이 그 근거가 될 수 있습니다. 물론 앞에서 말한 여러 사람의 경험이 그것이 될 수도 있겠지만, 여러 사람이 경험할 수 없는 것이라 할지라도 그 사실이 포함된 자료를 인용할 수 있습니다. 물론 이것도 사전에 준비되면 좋겠습니다.

그런데 '아파트에서 애완견을 키워도 좋다'는 주장에 대한 근거로는 '키울 수밖에 없는 이유'와 동시에 '키우는 방법'에 대한 근거가 필요합니다. 아무리 키울 수밖에 없는 타당한 이유가 있다 하더라도, 애완견이 다른 사람들에게 피해를 준다면 쉽게 동의하지 않을 것이기 때문입니다. 그래서 키우는 방법에 대한 내용이 주장에 대한 근거로 사용된다면 설득력이 강해질 것입니다.

다음 글에서는 이러한 주장에 대한 상세한 근거를 찾아보도록 하겠습니다.

5. 애완견을 키울 수 있는 근거와 방법

애완견을 좋아하거나 싫어하는 취향이 사람마다 다르기 때문에 누구나 애완견을 키우자고 주장할 수는 없을 것입니다. 또 그런 주장을 할 필요도 없습니다. 그래서 앞에서도 말했지만, '아파트에서 애완견을 키워도 좋다'고 주민들에게 설득하는 글을 쓰려면, 먼저 주장에 대한 근거와 함께 방법도 제시해야 합니다.

논술을 작성할 때 바로 이 부분에서 여러분들의 창의적인 아이디어와 경험, 역량이 발휘됩니다. 필자는 개인적으로 애완견을 키우지도 않을뿐더러 좋아하지도 않습니다. 애완견에 대한 좋은 점보다는 좋지 않은 추억을 더 많이 가지고 있습니다. 따라서 제가 예시적으로 보여주는 근거나 방법보다, 애완견을 직접 길러본 사람들의 경험이 더 생생하고 설득력이 있을 것을 생각됩니다. 이 점에 대하여 여러분들의 양해를 바랍니다.

□ 애완견을 키우는 이유
— 사람에게 정서적 안정감과 친밀감을 준다.
— 외로운 사람들에게 위안거리가 된다.
— 경제 활동에 도움을 준다.

□ 다른 사람에게 피해를 줄이는 방법
— 외출할 때 목줄과 용변 도구를 챙겨나간다.
— 아파트에서 짖거나 뛰지 않도록 조심한다.
— 냄새가 나거나 털이 날리지 않게 자주 목욕을 시킨다.

　더 많은 근거와 방법이 있겠지만, 간단히 몇 가지로 정리해보았습니다. 다음 시간에는 논술을 위한 개요를 작성하겠습니다.

6. 애완견을 키워도 되는 논리

이제 논술을 작성하기에 앞서서 글의 개요를 작성할 차례입니다. 개요는 글의 설계도와 같은 것이므로 매우 중요합니다. 이것은 지금까지 조사해온 자료나 내용을 논리적 순서대로 배열하는 활동입니다. 물론 내용을 한눈에 알아볼 수 있기 때문에 글을 작성하기 전에 미리 수정하거나 보충할 수 있습니다.

'아파트에서 애완견을 키워도 좋다'는 주장으로 주민들을 설득하는 글을 쓴다고 할 때, 예시적인 개요를 작성하면 아래와 같습니다.

✋ 문제 제기
— 개를 키우는 사람 수의 증가와 경제적 가치
— 아파트에서 애완견을 키우면서 피해를 본 사례
— 남에게 피해를 주지 않고 애완견을 키울 필요성

⊡ 주 장
— 아파트에서 개를 키워도 좋다

⊤ 근거 제시
— 애완견은 사람에게 정서적 안정감과 친밀감을 준다.
— 애완견은 외로운 사람들에게 위안거리가 된다.
— 경제 활동에 도움을 준다.

⊤ 방법 제시
— 외출할 때 목줄과 용변 도구를 챙겨나간다.
— 아파트에서 짖거나 뛰지 않도록 조심한다.
— 냄새가 나거나 털이 날리지 않게 자주 목욕을 시킨다.

⚠ 끝맺음
— 개인의 취미와 사생활의 자유
— 공동 생활에서 타인에 대한 배려의 중요성
— 개인의 자유와 책임의 조화

　여기에 제시된 것보다 더 많은 자료와 상세한 내용을 덧붙이면 좋겠지요. 이상과 같은 개요를 중심으로 미리 글을 작성해보기 바랍니다.

7. 애완견 키우는 것을 이해하자

언론 보도에 의하면 현재 우리나라에서 개를 키우는 사람은 1000만 명에 이르며, 개로 인해 생기는 경제적 가치가 2조 원이 넘는다고 한다. 평균적으로 볼 때 넷 집 건너 한 집에서 개를 키운다고 보면 되겠다. 이렇듯 주변에서 개를 보는 일은 낯설지 않다.

세상의 모든 일과 마찬가지로 어떤 일이 유행처럼 생기면, 그에 따른 부작용도 당연히 일어난다. 개 문제만 해도 그렇다. 이웃과 떨어져 사는 사람이 자기 집에서 개를 키우는 것은 별문제가 없겠지만, 아파트에서 개를 키우는 것은 다른 사람에게 피해를 주기도 한다. 게다가 공원이나 길바닥에 개의 배설물로 인해 얼굴을 찌푸린 경험은 누구에게나 한두 번은 있을 것이다.

그렇다고 해서 아파트에서 애완견을 키우는 것을 무작정 막을 수도 없고 막아서도 안 된다. 애완견을 키우는 것은 그 사람의 자유면서 동시에 권리다. 그래서 아파트에서 애완견을 키워도 된다. 또 이웃으로서 애완견 키우는 것을 이해해야 한다. 그러나 나의 자유와 권리가 소중하듯 남의 자유와 권리도 소중하므로 아파트에서 애완견을 키울 때는 이웃 사람들에게 피해를 주지 말아야 하겠다.

그럼 애완견을 키우면 어떤 점이 좋을까요?

첫째, 애완견은 사람에게 정서적 안정감과 친밀감을 준다. 개는 천성적으로 사람과 잘 놀고 어울리기 때문에 심심하지 않고 정다운 느낌을 준다. 무뚝뚝하고 말이 없는 사람도 개의 재롱을 보며 함께 어울린다면 분위기가 훨씬 좋아질 것이다.

둘째, 애완견은 외로운 사람들에게 위안거리가 된다. 혼자 사는 노인이나 가족이 없는 사람이 애완견을 키우는 이유가 바로 이 때문이다. 특히 형제 없이 자라나는 아이가 많은 요즘에 애완견과 함께 지내면 훨씬 외로움이 덜할 것이다.

셋째, 경제 활동에 도움을 준다. 애완견으로 인해 애완견 용품 가게도 늘고 동물 병원도 늘어나면서 여러 직업이 생겨 경제 활동에 도움이 된다. 또 희귀하거나 좋은 품종은 애완견 자체가 큰 재산이 되기도 한다.

이렇듯 애완견은 좋은 점이 많다. 그러나 그것이 이웃이 당하는 피해에 대한 면죄부가 될 수는 없다. 어떻게 하면 피해를 주지 않을까?

우선 외출할 때 목줄과 용변 도구를 챙겨나간다. 공원이나 길을 갈 때 함부로 배설물을 흘리지 않도록 하고 사람에게 달려들어 놀라지 않도록 해야 한다.

둘째, 밤늦게 아파트에서 짖거나 뛰지 않도록 조심해야 한다. 그렇게 하려면 발바닥에 소리가 나지 않는 신발을 신기거나 목소리가 나지 않는 장치를 해야 한다.

셋째, 냄새가 나거나 털이 날리지 않게 자주 목욕을 시킨다. 다른 사람에게 지저분한 냄새를 풍기고 털을 날린다면 결코 유쾌한 일이 아닐뿐더러 개주인도 남에게 좋은 인상을 주지 못하기 때문이다.

애완견을 키운다는 것은 개인의 취미면서 사생활의 자유에 속하는 문제다. 그렇다고 해서 공동 생활에서 타인에 대한 배려 없이 자신만 좋다고 해서 아무런 조심 없이 애완견을 키워서는 안 될 것이다. 이렇듯 애완견을 키우는 문제조차도 개인의 자유와 책임이 조화를 이룰 때 더불어 살기 좋은 사회가 될 것이다.

제10장
청소년들의 휴대폰 사용은 바람직한가?

A : 휴대폰 없이 어떻게 살란 말인가? 휴대폰이야말로 나의 존재를 확인시켜주는 것이 아닌가?

B : 휴대폰은 우리에게 사치품이야. 아무런 생산도 안 하는 우리에게 무슨 휴대폰이 필요하단 말인가?

ⓠ 요즘은 청소년들을 비롯하여 어린이들도 휴대폰을 많이 소지하고 있습니다. 휴대폰이 편리한 점도 있지만 그것 때문에 다른 사람들을 불편하게 하거나 짜증나게 하는 일도 자주 일어납니다. 특히 어린이나 청소년들에겐 휴대폰이 사치품에 불과하며 집중력 저하나 경제적 이유로 소지하는 것을 반대하는 사람들도 있습니다.
　청소년 여러분들은 여러분들이 휴대폰을 소지하는 데 대하여 어떻게 생각합니까? 여러분들이 휴대폰을 갖는 것을 반대하는 사람들에게 소지하는 것이 유익하다는 주장으로 설득하는 글을 써보세요.

▽ 키워드 해설

■ 고엽제(枯葉劑 : defoliant)
농약의 일종으로 제초제와 같은 것이지만, 미국이 베트남 전쟁 때 밀림 속에 숨은 적을 찾아내기 위하여 대량 살포한 2·4·5-T계 제초제를 가리킨다. 미군은 이 작전을 '오렌지작전'이라 불렀지만, 매스컴에서는 이를 '고엽작전'이라 보도하고 여기에 쓰인 약제를 '고엽제'라 하였다. 우리나라의 베트남 참전 용사들 중에서도 고엽제로 인하여 상당수가 두통과 현기증, 가슴앓이, 피부에 혹이 생기는 등 고엽제 질환으로 고통을 겪고 있다.

■ 디엠비(DMB)
디지털 멀티미디어 브로드캐스팅(Digital Multimedia Broadcasting)의 머리글자를 딴 것이다. 방송과 통신이 결합된 새로운 개념의 이동 멀티미디어 방송 서비스로, 전송 방식과 네트워크 구성에 따라 지상파 디엠비와 위성 디엠비로 구분된다. 요즘은 디엠비를 활용한 휴대폰도 등장하였다.

■ 모바일(mobile)
본래 영어 '움직일 수 있는'이라는 뜻의 형용사로, 휴대폰과 휴대용 개인정보단말기(PDA) 등과 같이 이동성을 가진 것들을 모두 가리킨다. 휴대폰을 인터넷에 접속하여 모바일 뱅킹, 모바일 게임, 모바일 영화 등에 활용된다.

■ MP3
영어 'MPEG Audio Layer-3'의 첫 글자로 MPEG1에서 정한 고음질의 오디오 압축 기술의 하나다. 음반 CD에 가까운 음질을 유지하면서 CD의 50배로 압축이 가능하다.

■ UCC

‘사용자 제작 콘텐츠(User Created Contents)’의 머리글자다. 사용자가 상업적인 의도 없이 직접 제작한 것이지만, 최근에 이르러 명예훼손, 표절로 인한 저작권 침해, 사생활 침해 등의 피해가 나타나고 있다.

⊞ 관련된 학과 또는 주제

☞ 경제, 사회, 시사(時事) 자료, 윤리,

1. 휴대폰 공화국

요즘 어디를 가나 휴대폰을 갖지 않은 사람을 보기 드뭅니다. 불과 십몇 년 전만 해도 돈 많은 부자나 회사 사장님이 사업상 갖고 다니는 귀한 물건으로 여겼는데, 이제는 대부분의 사람들이 갖고 있습니다. 가정에 한 대는 필수고 아마도 중학생 이상의 자녀를 둔 가정에는 거의 식구 수대로 가지고 있지 않을까 생각됩니다. 이미 초등학생들도 상당수 갖고 있는 것을 보면, 아마도 국민 절반 이상이 휴대폰을 가지고 있을 것입니다.

이러다보니 여기저기서 휴대폰 때문에 짜증스런 일이 벌어지고 있습니다. 지하철이나 공공 장소에서는 물론이고 공연장, 심지어 대학 강의실이나 학교 교실에서조차 심심찮게 휴대폰으로 인한 방해를 받고 있습니다.

특히 어린이나 청소년들이 휴대폰을 소지하면 이득보다 손해가 많다고 합니다. 자라는 어린이나 청소년들이 휴대폰에서 발생되는 전자파에 의해 건강을 해칠 수도 있다는 우려가 있고,

무엇보다 그것을 가지고 있음으로 해서 학습에 집중력을 떨어뜨릴 수 있다는 걱정을 많이 합니다. 게다가 카메라 기능이 내장되어 있어서 다른 사람의 사생활을 침해하는 사진을 찍어 인터넷에 올리기도 하고, 심지어 범죄에 이용하기도 합니다. 그뿐만이 아닙니다. 어린이나 청소년들이 아무런 생각 없이 이용하다보면, 비싼 이용료를 물어야 합니다. 그 때문에 부모님의 꾸중을 듣거나 야단맞는 학생들이 생기기도 하고 그로 인해 자살까지 하는 학생들도 생겨났습니다.

이러한 이유들 때문에 많은 어른들은 어린이와 청소년들에게 휴대폰을 사주어서는 안 된다고 생각하거나, 부득이하게 사주었더라도 사용에 제한을 두든지 자제시켜야 한다는 의견이 지배적입니다.

여러분의 생각은 어떠합니까? 어린이나 청소년들의 휴대폰 사용이 바람직하다고 생각합니까? 아니면 바람직하지 않기 때문에 사용에 제한을 두든지 금지시켜야 한다고 생각합니까?

만약 여러분이 휴대폰을 사용해야 한다고 주장한다면, 그 근거는 무엇입니까? 또 그 근거를 얼마나 설득력 있게 제시할 수 있습니까? 만약 여러분의 부모가 아직도 휴대폰을 사주지 않았다면, 여러분은 휴대폰이 여러 모로 바람직하다는 주장을 펼쳐 부모님을 설득할 자신이 있습니까?

2. 청소년들에게 휴대폰은 무엇인가?

어린이나 청소년들이 휴대폰을 사용하는 가장 큰 이유는 무엇일까요? 나이 어린 초등학생들의 경우는 자식의 안전이나 통제를 위해서 사주는 경우가 많습니다. 가령 맞벌이 부부는 직장에서 아이들이 하는 일을 수시로 확인하고 지시하기 위해 필요합니다. 물론 학교 공부가 끝난 경우에 해당되겠지만 말입니다.

그러나 초등학교 고학년부터는 사정이 달라집니다. 그것은 부모 입장에서는 여전히 통제라는 점이 작용하겠지만, 학생 입장은 다른 데 있습니다. 우선 학생들은 친구들과 교제를 위해 휴대폰을 사용합니다. 수시로 보내는 문자 메시지의 양을 보면 알 수 있습니다. 주로 통화를 이용하는 어른들에 비해 학생들은 주로 문자를 이용한다는 것은 이미 알려진 사실입니다.

다음으로 학생들이 많이 사용하는 분야는 이른바 엠피쓰리(MP3)와 오락 기능인 게임입니다. 청소년들이 공부뿐만 아니라 활동을 하면서도 음악을 듣는 것은 일반적 경향이고 여기에 오락까지 하면서 나름대로 즐기고 있습니다.

또 카메라 기능은 각종 사진을 찍어 전송하는 데 활용됩니다. 최근 인기를 끄는 '사용자 제작 콘텐츠(UCC)'도 방송사나 인터넷 사이트에서 조장한 것이기는 하지만, 이른바 '얼짱' 사진이나 기타 특이한 사진을 찍어 전송합니다.

끝으로 학생들은 휴대폰의 주기능인 통화에 이용되기도 하고, 여학생의 경우 안전을 위해 부모가 사주기도 하며, 다른 친구의 관심을 끌거나 친구로부터 소외를 당하기 싫기 때문에 휴대폰을 소지하는 학생들도 상당수 있습니다. 아마 부모들이 어쩔 수 없이 사주는 경우도 후자에 속할 것입니다.

이렇듯 다양한 이유에서 휴대폰을 소지하고 있는데, 결론적으로 청소년들이 휴대폰을 갖는 주목적은 오락과 친교입니다.

우리는 여기서 이렇기 때문에 휴대폰을 금지해야 한다고 섣불리 결론을 내려서는 안 됩니다. 휴대폰은 청소년들 자신의 존재를 나름대로 확인시켜주는 도구라는 점입니다. 대다수의 학생들은 학교 공부와 학원 공부, 과외 공부의 바쁜 일과 때문에 제대로 쉬거나 운동할 수 있는 여유를 갖지 못하는 것이 현실입니다. 그들 나름대로 스트레스도 받고 피곤한 일이 많습니다. 짬짬이 틈을 내서 이런 것을 통하여 기분 전환을 하고 친구를 사귀기도 합니다. 이제 휴대폰은 오늘날 우리가 사는 환경 속에서는 어른이나 학생 모두 그것 없이 살 수 없는 세상이 되고 말았습니다. 그것을 거부하려면 특별한 마음가짐과 자세가 있어야 하겠고, 남과 다른 환경 속에서 만족하게 살 수 있는 능력이 필요합니다.

3. 휴대폰이 해로운 이유

휴대폰이 어린이나 청소년에게 해롭다는 이유는 많이 제기되어 왔습니다. 그것을 분류하여 정리하면 크게 다섯 가지로 나눌 수 있습니다.

우선 건강에 해롭다고 합니다. 그 이유는 유해 전자파 때문이라고 합니다. 특히 어린 아이나 청소년들은 한창 성장기에 있기 때문에 더 해롭다고 합니다. 물론 어디가 어떻게 안 좋으냐에 대한 구체적인 것이 알려져 있지 않고, 우리나라 정보통신부에서도 '휴대폰 전자파 유해 여부 아직 알 수 없다'는 공식 견해를 밝히고는 있지만, 모른다고 해서 없다고 무시한다면 그로 인해 장차 생길 수도 있는 부작용을 방치하게 됩니다. 이러한 사례는 우리 주변에서 얼마든지 찾을 수 있습니다. 가령 과거 베트남전에서 있었던 고엽제 피해라든가 옛날에 우리가 아무렇지 않게 무시하고 방치했던 공해 물질에 노출된 결과 이제 와서 증상이 나타난 것 등이 그것입니다.

둘째, 휴대폰으로 인하여 집중력이 떨어짐으로써 발생하는 학습 장애를 들 수 있습니다. 학교 수업 시간에 휴대폰을 만지작거리거나 집에서 공부할 때 문자 메시지가 오면 그것에 신경 쓰여 집중할 수 없게 됩니다. 그리고 쉬는 시간이나 여가 시간에 오락 같은 게임에 집중함으로써 눈을 피곤하게 하고 따라서 정신도 피곤하게 됩니다. 이러면 오히려 학습에 집중할 수 없게 되고 학력 향상을 기대할 수 없게 됩니다.

셋째, 경제적 손실을 들 수 있습니다. 학생들이 사용하는 휴대폰 사용료는 대부분 부모님이 해결해줍니다. 다시 말해 휴대폰이 생산적인 일에 사용되지 않고 그냥 소비해버리는 일에 쓰임으로써 돈만 낭비하는 일이 되고 맙니다. 게다가 학생들이 사용하는 문자 통신 이용료나 통화료 외에 각종 유료 콘텐츠를 이용할 때 드는 비용도 만만치 않습니다. 그래서 그것 때문에 부모님과 갈등을 빚기도 하고, 사회적으로 통신사와 시민들 사이의 갈등으로 비화되기도 합니다. 더 불행스러운 일은 이러한 일 때문에 부모로부터 꾸중을 들은 청소년이 스스로 목숨을 끊는 비극적인 일도 발생했습니다.

넷째, 휴대폰의 남용은 다른 사람에게 피해를 줄 수 있습니다. 많은 사람들이 공공 장소나 그 밖의 장소에서 휴대폰 때문에 짜증이 난 기억을 갖고 있습니다. 어린이나 청소년들은 어른에 비해 자제력이나 타인에 대한 배려가 부족하기 때문에 수업 시간이나 휴식 시간을 가리지 않고 사용합니다. 심지어 수업 시간에 금지시켰는데도 몰래 휴대폰을 이용하다가 적발된 학생들도 많습니다. 이런 경우 십중팔구 타인에게도 피해를 줍니다. 특히 공공 장소에서 큰소리로 휴대폰으로 대화를 하거나 휴대폰 울림과 키 소리로 사람들을 짜증나게 하는 경우가 그것입니다.

끝으로 휴대폰을 잘못 사용한 경우 범죄에 이용된다는 점을 들 수 있습니다. 비록 장난 삼아 친구의 모습이나 행동을 찍어 돌려보거나 인터넷에 올리는 경우라 하더라도 당사자에게는 치명적인 상처를 입힐 수 있기 때문입니다. 더욱이 휴대폰으로 찍은 좋지 못한 동영상이 인터넷에 돌아다니고, 언제가 대학 입학 수학 능력 고사에서 휴대폰을 이용하여 부정 행위를 저지르는 것처럼 범죄에 이용될 수 있는데, 어린이들이나 청소년은 이런 호기심이나 유혹으로부터 결코 자유롭지 못합니다.

이제까지 우리는 휴대폰이 어린이나 청소년에게 이롭지 못한 점을 알아보았습니다. 휴대폰을 사달라는 학생들에게 어른들이나 보호자들은 주로 이런 이유로 거절을 합니다.

만약 여러분이 아직 휴대폰을 가지고 있지 않다면, 어떻게 설득하여 이런 반대 근거를 극복하고 부모님을 설득시키겠습니까? 다음 글에서는 휴대폰이 학생들에게 바람직하다는 입장에서 논의를 하려고 하는데, 여러분들은 그에 대한 근거를 어떻게 설정하겠습니까? 스스로 작성해보기 바랍니다.

4. 휴대폰의 좋은 점

어린이와 청소년이 휴대폰을 사용하는 것에 반대하는 사람들이나 부모들도 많지만, 이 글이 청소년들을 대상으로 하기 때문에 청소년들 입장에서 진행하려고 합니다. 그러니까 휴대폰이 해롭지 않으며 바람직하게 사용하면 이롭다는 입장에서 부모님이나 어른들을 설득하는 글을 작성하려고 합니다.

그렇게 하려면 해롭다고 여기는 근거에 대한 반론을 생각해서 이롭다는 근거를 대거나 바람직하게 사용하는 방법을 제시하여 설득해야 합니다. 그러니까 이런 종류의 글은 근거만 대는 것이 아니라 방법까지 제시해야 설득력이 강화됩니다. 그럼 개요를 작성해보지요.

◉ 문제 제기
— 휴대폰은 일상화되었다.
— 어린이나 청소년들에게 이로움보다 해로움이 더 많다.

— 바르게 사용하는 방법이 필요하다.

⊡ 주 장
— 휴대폰도 문명의 이기이므로 올바로 사용하면 도움이 된다.

▼ 근거 제시
— 휴대폰은 안전을 보장하고 불안감을 해소해준다.
— 스트레스 해소와 좋은 인간 관계를 유지하게 한다.
— 정보를 손쉽게 이용할 수 있다.
— 국가 경제 발전에 도움이 된다.

▼ 방법 제시
— 수업 시간에는 사용하지 않는다.
— 공공 장소에서는 끄거나 진동으로 해놓는다.
— 필요한 경우만 사용하여 요금의 낭비를 줄인다.
— 카메라로 장난하지 않는다.

⚠ 끝맺음
— 휴대폰이 꼭 해로운 것만은 아니다.
— 올바른 사용이 필요하다.

이렇게 개요를 작성해보았습니다. 여러분들이 스스로 개요를 작성하지 못했다면 이 개요를 보고 주장하는 글을 꼭 스스로 작성해보기 바랍니다. 우리가 운동이나 음악, 무용 같은 것을 배울 때 꼭 실습을 하지요? 마찬가지로 논술을 작성하는 데도 꼭 스스로 해보는 실습이 필요합니다. 이 책장을 다음으로 넘기지 말고 스스로 작성해보고, 모범 답안과 비교해보기 바랍니다.

5. 휴대폰을 바람직하게 사용하면 된다

　요즘 휴대폰을 가진 사람들이 참으로 많다. 어른들은 물론이고 청소년들이나 심지어 어린이들도 상당수 소지하고 있다. 휴대폰이 문명의 이기로서 인간들에게 많은 이로움과 편리함을 제공하고 있지만, 반면에 부작용도 만만치 않다.

　특히 어린이들이나 청소년들이 휴대폰을 이용할 때 우려되는 점은 거기서 발생하는 유해 전자파가 건강을 해칠 수도 있고, 무분별한 사용으로 집중력을 떨어뜨려 공부에 방해가 되며, 경제적 낭비와 함께 범죄에도 이용될 수 있다는 점이다.

　그러나 휴대폰만이 아니라 어떠한 물건도 좋은 점이 있으면 나쁜 점도 있는데, 문제는 그 물건이 아니라 그 물건을 사용하는 사람의 문제다. 따라서 청소년이라 할지라도 휴대폰을 바람직하게 사용한다면 결코 나쁜 것만은 아니다. 이들에게 바르게 사용하는 방법이 요구된다.

　따라서 청소년들에게 휴대폰의 이로운 점은 무엇이고, 또 어떻게 사용하는 것이 바람직한지 살펴볼 필요가 있다.

　먼저 휴대폰은 안전을 보장해주고 불안감을 줄여준다. 맞벌이 부부 자녀의 경우, 아이들만 집에 있거나 밖에서 놀 때 휴대폰을 통하여 아이의 행동을 확인하고 지시할 수 있어 안심하고 일할 수 있다. 그리고 아이들이 밤늦게 귀가하거나 어려움이 있을 때 휴대폰으로 가정이나 경찰에 연락할 수 있어 없을 때보다 불안감을 줄여준다.

둘째, 휴대폰은 스트레스 해소와 좋은 인간 관계를 유지하게 해 준다. 평소에 말로 전달하지 못하던 학생이 문자를 통하여 자신의 뜻을 전할 수 있고, 각종 기념일이나 행사에 축하의 글이나 메시지를 보내 더 친하게 지낼 수 있다. 게다가 쉽게 음악을 들을 수도 있어 나름대로 쌓인 피로나 스트레스를 해소할 수도 있다.

셋째, 정보를 손쉽게 이용할 수 있다. 통화나 문자 전달 기능뿐만 아니라 디엠비(DMB) 방식을 활용한 휴대폰의 경우 방송 청취도 가능해 교육이나 학습에 관계된 유익한 프로그램을 어디서나 보고 들을 수 있다.

넷째, 국가 경제 발전에도 도움이 된다. 우리나라가 휴대폰 강국이 된 것도 따지고 보면 국민들이 휴대폰을 많이 샀고, 일정 기간이 경과하면 교체했기 때문이기도 하다. 게다가 다소 비싸게 책정되어 있는 요금을 꼬박꼬박 냄으로써 이동통신사의 순수익을 증가시켜주었다. 그 밖에 모바일 콘텐츠의 이용은 관련 산업을 활성화시키기도 했다. 이렇듯 휴대폰의 이용은 국가 경제에 지대한 영향을 준다.

그럼 어떻게 하면 휴대폰을 바람직하게 이용할 수 있을까?

첫째, 수업 시간이나 공부 시간에는 사용하지 않아야 한다. 아무래도 휴대폰에 신경을 쓰면 집중력이 떨어지고 집중력이 떨어지면 학습에 방해가 된다. 학습에 대한 방해는 결국 학력 저하라는 결과를 가져온다.

둘째, 공공 장소에서는 휴대폰 이용을 자제하거나 진동으로 해 놓는다. 다른 사람에게 불쾌감을 주지 않는 것이 타인에 대한 배려이고 예절이기 때문이다.

셋째, 휴대폰은 필요한 경우에만 사용하여 요금 낭비를 줄인다. 대부분의 부모들이 걱정하는 것이 이 부분이다.

끝으로 장난이라 하더라도 친구의 모습이나 행동을 함부로 카메라로 촬영하여 놀리거나 인터넷에 올려서는 안 된다. 친구에게 큰 상처를 남김은 물론이고 제3자에 의해 악용되면 더 큰 피해를 가져오기 때문이다.

유대폰은 분명 이로운 것이고 우리의 생활을 편리하게 해주는 도구다. 비록 잘못 사용하면 해로움이 생길 수도 있지만, 청소년들이 유대폰을 소지한다고 해서 반드시 해로움만 있는 것은 아니다. 올바로 사용하기만 한다면 많은 이점을 살릴 수 있다. 이렇듯 유대폰의 바른 사용법과 예절을 익힌다면 이들의 유대폰 사용을 누가 반대하겠는가?

□ 이종란(李鍾蘭) ─────────────────────────

서울교육대를 졸업하고 성균관대 대학원에서 한국철학을 전공하여 박사 학위를 받았다.
한국방송대・한국체육대・성균관대에 출강하였으며, 지금은 서울등현초등학교 교사로
있다. 주요 저서로는 『전래 동화 속의 철학』(①~④), 『이야기 한국철학』(공저), 『최한기의
철학과 사상』(공저), 『최한기가 들려주는 기학 이야기』, 『주희가 들려주는 성리학 이야기』,
『이이가 들려주는 이통기국 이야기』, 『정약용이 들려주는 경학 이야기』, 『이야기 속의
논리와 철학』 등이 있으며, 번역서로는 『주희의 철학』(공역), 『왕부지 대학을 논하다』(공
역) 등이 있다.

청소년을 위한 철학 논술

초판 1쇄 인쇄 / 2007년 4월 15일
초판 1쇄 발행 / 2007년 4월 20일

지은이 / 이 종 란
펴낸이 / 전 춘 호
펴낸곳 / 철학과현실사
서울특별시 서초구 양재동 338의 10호
전화 579—5908~9
∎

등록일자 / 1987년 12월 15일(등록번호 : 제1—583호)
∎

ISBN 978-89-7775-622-9 03170
*잘못된 책은 바꾸어 드립니다.

값 8,000원